Domina el arte de la comunicación en pareja

Conecta intensamente con tu pareja y aprende los pasos para comunicarte efectivamente y alcanzar intimidad y complicidad inquebrantable

Tabla de Contenidos

Introducción... **5**
Capítulo Uno - Relaciones 101 .... **8**
    Las Necesidades Vitales que Toda Relación Debe Cumplir 9

    Las cinco etapas de una relación 14

Capítulo Dos - El Diagnóstico................................. **21**
    6 Grandes Signos Usted y su Pareja Necesitan Comunicarse Mejor... 21

    Las razones por las que no nos comunicamos...................... 23

    Los 10 errores de comunicación que no sabes que estás cometiendo 25

Capítulo Tres - Hábitos para la Felicidad **31**
    9 Hábitos de comunicación que salvan las relaciones........... 32

    Todo Sobre la Regla 80/20 37

    Medición de la felicidad con la proporción de la relación mágica 37

    Deja de enloquecerte por estos 6"problemas" 39

Capítulo Cuatro - El amor en todos los sentidos **44**
    Todo lo que necesitas saber sobre Love Languages 45

    Cómo utilizar la comunicación no verbal en su beneficio 48

    Maneras menos conocidas pero poderosas de mostrarle amor a su pareja... 50

Capítulo Cinco - Descodificación de su pareja **55**
    Comprender las necesidades particulares de su pareja.......... 58

    5 Cosas Absolutamente Esenciales que Hacer Cuando Su Pareja Ha Experimentado un Trauma.................................... 62

Capítulo seis - Todo es sobre ti **67**

Cómo convertirse instantáneamente en una mejor pareja....68

Entendiendo su estilo de apego a la relación..........................73

Consejos imprescindibles para iniciar una nueva relación cuando se tiene un historial de malas relaciones 76

Capítulo Siete - La bomba de tiempo que hace tictac 82

Cuándo pulsar el botón de pausa o de parada 83

Cómo plantear sus inquietudes de la manera correcta...........87

5 Declaraciones para Desactivar Instantáneamente una Discusión acalorada 90

Qué NO decir durante una discusión....................................... 91

9 Problemas de relación que no se pueden arreglar 93

Capítulo Ocho - Profundización del vínculo 99

Ejercicios y actividades que fortalecen las relaciones............101

Bond al instante con estas 8 divertidas actividades de pareja.. 107

Conclusión 112

Introducción

¿Recuerdas la primera vez que viste a tu pareja? Puede que no haya sido amor a primera vista, y quizás ni siquiera a segunda vista, pero estoy dispuesto a apostar en una cosa: pensaste que ganarles sería el mayor reto. Deseabas tanto conseguir esa fecha y cuando finalmente la conseguiste, te preguntaste qué podías hacer para que realmente les gustaras. Ahora, meses o años después, justo cuando pensabas que todo iba a ser fácil, te das cuenta de que el rompecabezas sólo se vuelve más confuso. Ahora, te das cuenta de que ganártelos fue la parte fácil. ¿Coexistiendo felizmente? Eso es una cifra totalmente diferente.

La comunicación era simple cuando todo eran cosas dulces y el conocerse unos a otros. Ahora que estás más cerca, hay diferentes cosas en tu mente. Usted tiene preocupaciones, tiene necesidades insatisfechas y ha notado otras maneras en las que le gustaría mejorar su relación. Lo más probable es que tu pareja sienta exactamente lo mismo.

El problema es que estas preocupaciones nunca son fáciles de expresar. Si se hace incorrectamente, podría herir los sentimientos de su pareja y causar daños irreparables. Y sin embargo, si no te expresas, puedes explotar, causando daños irreparables. Te sientes un poco acorralado, ¿no? No te culpo.

Su mente probablemente está girando con un millón de preguntas como: "¿Cómo puedo comunicarme con mi pareja de la manera más efectiva posible? ¿Cómo puedo mantener mi felicidad así como la de él o ella? ¿Y cómo puedo hacer todo esto sin agotarme completamente?"

Comunicación En Las Relaciones

Incluso si ya tienes una buena comunicación, ¿por qué parar ahí? Apunta a las estrellas. Su relación se lo merece.

Los estudios han demostrado que la mala comunicación es una de las principales razones por las que una relación fracasa. Muchas de esas relaciones podrían haberse salvado si hubieran tenido esta guía en sus vidas. Una relación terminada por una mala comunicación es una relación que podría haberse salvado. Todos podemos aprender a comunicarnos mejor, sin importar cuán tímidos o ineficaces seamos ahora. Todo lo que necesitamos son las herramientas y la motivación adecuadas. El hecho de que estés aquí ahora demuestra que hay muchas posibilidades de que ya tengas la motivación. Bien por ti. Ahora todo lo que necesita es el asesoramiento de un experto. Ahí es donde entro yo.

He pasado años clave de mi vida estudiando la forma en que los humanos interactúan entre sí - cómo usar cada gesto o mirada como una clave para los verdaderos sentimientos e intenciones de una persona. He prestado mucha atención a la forma en que los individuos se comunican y he desvelado los secretos de lo que tiene éxito y de lo que inevitablemente falla. Al mantenerme en sintonía con las necesidades de los demás, he descubierto trucos poco conocidos que pueden cambiar instantáneamente una dinámica tensa por una dinámica abierta y amorosa. He ganado mi experiencia al estar consciente de lo que funciona y lo que no funciona. He visto cómo las relaciones se deterioran a causa de frases mal redactadas, y he visto a las parejas reavivar su amor con sólo unas pocas palabras. He probado mis métodos en parejas al borde del abismo y las he visto florecer en su mejor forma. Incluso hoy en día, las parejas con las que he trabajado siguen agradeciéndome. Verás, una vez que tengas las herramientas, estarás listo de por vida.

Comunicación En Las Relaciones

Con mi ayuda, usted y su pareja están un paso más cerca de la fantasía que ambos comparten - la de poder decirse cualquier cosa el uno al otro y resolver absolutamente cualquier problema juntos. Puede que no sepas que compartes esta fantasía, pero lo sabes. Cuando la comunicación es tensa, ambos miembros de la pareja desean desesperadamente que mejore. Puedes pensar que no se dan cuenta, pero créeme, se dan cuenta tanto como tú. Con mi ayuda, harás que la comunicación sea la nueva norma. Empezarás un nuevo capítulo donde podrás mirar atrás y pensar:"¡No puedo creer lo lejos que hemos llegado!" Este libro te fortalecerá a ti y a tu pareja como equipo. ¿Y quieres saber algo más? Un gran equipo puede hacer absolutamente cualquier cosa juntos.

No deje pasar esta oportunidad de crecimiento. He conocido a muchas parejas que expresan un profundo pesar cuando saben que no se esforzaron tanto como podrían haberlo hecho. Siguen siendo perseguidos por los tiempos en que se les ofrecían buenos consejos y decían: "Tal vez más tarde". La verdad es que cuanto más esperas para hacer estos cambios, más te atascas en tus viejas costumbres. Cuanto más tiempo se comunique con su pareja de manera incorrecta (o no se comunique en absoluto), más daño y tensión acumula su relación.

Escoge el amor y elige a tu pareja, diciendo"sí" a una mejor comunicación en las relaciones. Su nuevo y feliz futuro juntos está tan cerca - ¡comienza en la siguiente página! Entonces, ¿a qué estás esperando?

Capítulo Uno - Relaciones 101

Si hay un tema que domina la música, la literatura, el cine, lo que sea, es sin duda alguna nuestras relaciones románticas. ¿Alguna vez te has preguntado por qué es esto? El amor romántico ciertamente no es la emoción más fuerte que sentimos, y los nuevos padres argumentan que ni siquiera es la forma más fuerte de amor. Entonces, ¿por qué seguimos escribiendo y haciendo arte sobre ello? La respuesta es simple: es porque todavía no lo entendemos.

El romance y las relaciones son algunos de los aspectos más desconcertantes de nuestras vidas. Los sentimientos de atracción pueden llegar inesperadamente, causando confusión y apoderándose de nuestras mentes racionales. A veces tenemos estos sentimientos cuando no tiene sentido sentirlos. Arrastrados por nuevos y ardientes romances, las personas pueden comportarse de manera diferente a su verdadero yo y perder de vista su mejor juicio. Y cuando entramos en relaciones, entramos en un nuevo reino de confusión emocional.

Hay una pequeña paradoja, ¿no? Llegamos a conocer muy bien a nuestros seres queridos y, al mismo tiempo, nos damos cuenta de lo mucho que no sabemos. Ellos son las personas que mejor conocemos y, sin embargo, también pueden ser los mayores misterios. Podemos conocer sus respuestas emocionales, sus hábitos, sus tics, pero rara vez sabemos *por qué* son así. Una mejor comunicación es la manera de eliminar esta distancia.

Antes de sumergirnos, hagamos una breve pausa y recordemos algo profundamente importante: dos mitades forman un todo.

Comunicación En Las Relaciones

Para que una relación tenga éxito, dos individuos necesitan mantener su lado de la ecuación. Esto no significa sólo tomar turnos para lavar los platos o dividir la cuenta. Significa hacer el auto-trabajo para ser una mejor pareja. Significa reflexionar sobre sus necesidades y deseos, su comportamiento y considerar cómo ser mejor cuando se enfrenta a sus disfunciones.

Así que vamos al primer paso. ¿Recuerdas cuando hablamos de reflexionar sobre nuestras necesidades? Antes de que podamos empezar a comunicar nuestras necesidades y deseos, primero debemos saber cuáles son nuestras necesidades básicas.

Las Necesidades Vitales que Toda Relación Debe Cumplir

Por complicadas que parezcan las relaciones, nuestras necesidades básicas son bastante fáciles de categorizar. Para que una relación prospere, hay cinco necesidades básicas pero muy importantes que deben ser satisfechas por ambos miembros de la pareja. Tenga en cuenta que estas necesidades básicas no son las únicas que tenemos, sino que son las que todos compartimos. Cada individuo tiene necesidades únicas, dependiendo de su personalidad y experiencias.

Usted puede encontrar ciertas personalidades que tienen una mayor tolerancia a la falta de una de estas necesidades. Por ejemplo, ¿alguna vez has conocido a una pareja aburrida que parecía estar bien, a pesar de su falta de variedad? ¿O una pareja que se estimulaba intelectualmente, pero que no tenía una verdadera conexión emocional? Muchas parejas pueden hacer que funcione sin tener en cuenta las cinco necesidades. Pero las grandes preguntas siguen siendo: ¿son realmente felices? ¿No podrían estar más contentos?

La necesidad de sentir y estar seguro

Sin esta necesidad, una relación no es nada. Es el más básico de los cinco y se refiere a nuestra profunda necesidad de sentirnos emocionalmente, físicamente y psicológicamente intactos. . Sentir una falta de seguridad podría indicar algunos tipos de problemas: nuestro bienestar físico está amenazado o estamos siendo abusados emocionalmente.. Todo se reduce a que uno de los miembros de la pareja se sienta herido y anticipe que volverá a sufrir, a veces haciendo grandes esfuerzos para evitarlo.

Muchas personas no se dan cuenta de que esta necesidad no ha sido satisfecha porque piensan que el abuso es siempre intencional. Esto no es cierto en absoluto. Muchas parejas no se dan cuenta de que están usando tácticas emocionalmente abusivas como la iluminación de gases o la manipulación. Pueden tener estas respuestas conectadas a su cerebro sin darse cuenta del daño que causan.

Cuando su necesidad de sentirse seguro no está siendo satisfecha....

Sientes que no puedes ser vulnerable cerca de tu pareja. Temes que te hagan daño verbal o físicamente si las cosas no salen como ellos quieren. Te preocupa que en lugar de ser recibido con amor, te encuentres con más dolor o angustia. Constantemente piensas en cómo van a reaccionar en respuesta a algo que haces o dices; esto te impide expresar lo que necesitas expresar. Temes que si eres honesto sobre cómo te sientes, serás despedido, burlado, o podrías incitar a la ira. Usted tiene la clara sensación de que si comparte sus necesidades, recibirá una respuesta negativa.

La Necesidad de Sentirse Significativo

Vamos a aclarar un error: la seguridad y el significado no son lo mismo.. Usted puede tener total confianza de que su pareja no le hará daño, pero ¿es esto suficiente para sentirse valorado y especial? No debería serlo. Darle seguridad a alguien es decencia común, pero mostrarle que es importante es un acto de amor. Cuando nuestra pareja nos hace sentir significativos y especiales, nos sentimos bien con nosotros mismos y nos sentimos abrumados por el calor, sabiendo que todo lo que les damos es apreciado. Sentimos que el amor que damos está siendo recibido, y no sólo drenando a través de un pozo sin fondo. Esto, a su vez, nos anima a mostrar aún más amor.

Una persona que ha sido engañada es un ejemplo de alguien que ha visto comprometida su necesidad de importancia. No hay peor manera de mostrarle a alguien que no es especial que involucrándose con otra persona a sus espaldas.

Cuando nos peleamos, podemos seguir demostrando a nuestras parejas que son especiales al disculparnos cuando hacemos algo mal. Esto demuestra que consideramos sus sentimientos, tratamos de ver su punto de vista, y estamos tratando de compensar nuestras malas acciones. Demuestre a su pareja amor y aprecio. De lo contrario, ¿cuál es el punto?

Haga que su pareja se sienta significativa mostrándoles amor y respondiendo a sus gestos de amor con aprecio y afecto.

Cuando su necesidad de sentirse importante no está siendo satisfecha....

Te encuentras preocupado por la infidelidad de tu pareja o por si realmente te quieren. Usted puede comenzar a sentirse desechable, como si su pareja no lo viera realmente por lo que es. No te sientes particularmente especial en la vida de tu pareja. Sientes que sirves a una función, y no mucho más que eso. Te sientes abrumado por la sensación de que les has dado todo, pero de alguna manera no es suficiente.

La necesidad de variedad

Cuando llegamos a conocer a alguien extremadamente bien, nuestras vidas comienzan a convertirse en una rutina. Esto es algo normal, y desafortunadamente, el aburrimiento que surge de ello también es normal. Para mantener una relación saludable y que ambos miembros de la pareja estén contentos, es vital que cambiemos las cosas de vez en cuando. Los estudios han demostrado que nos sentimos más cerca de nuestra pareja cuando participamos juntos en actividades estimulantes.

Esto podría significar cualquier cosa: salir a cenar en lugar de cocinar, inscribirse en una actividad divertida en lugar de quedarse en casa, o incluso hacer algo nuevo en el dormitorio. Sea lo que sea que forme parte de su rutina normal, haga algo completamente diferente.

Cuando ambos miembros de la pareja tienen una vida laboral o familiar ocupada, una rutina es inevitable. Pero está completamente dentro de tu poder asegurarse de que no se vuelva aburrido. Enciende el fuego añadiendo un poco más de aventura!

Cuando su necesidad de variedad no está siendo satisfecha....

Usted ya no se siente tan emocionado por su pareja como antes. Se siente como si estuvieras atascado en un bucle. Se siente como si su vida juntos fuera sólo una serie de tareas que necesitan ser terminadas. Ha pasado un tiempo desde que experimentaron una emoción o un apuro juntos. Una parte de ustedes anhela sentir lo que sintieron al principio de su relación.

La Necesidad de la Conexión Emocional

Si una relación va a ser a largo plazo, la intimidad emocional es profundamente importante. Para mantener cualquier relación cercana en nuestras vidas, necesitamos hacer tiempo para conectarnos y permitirnos relacionarnos los unos con los otros. A veces esto puede resultar muy fácil para dos personas, pero también es completamente normal que algunas parejas tengan que esforzarse un poco más. Esto no significa que estén menos hechos el uno para el otro. Las diferencias culturales, de origen o de personalidad pueden ser factores que contribuyen a que dos personas sean más reticentes. Comience por compartir algo honesto y vulnerable, e invite a su pareja a compartir algo similar.

Cuando su necesidad de conexión emocional no está siendo satisfecha....

Su pareja a veces parece un misterio y a veces parece que usted no los conoce realmente. Tienes la sensación de que no te entienden, y tú también encuentras sus acciones desconcertantes y confusas. Pasas mucho tiempo preguntándote sobre ellos y por qué hacen lo que hacen. Usted también puede sentir que hay algo que ellos necesitan decir, pero se están resistiendo a decirlo. También sientes el impulso de compartir y abrirte, pero nunca hay tiempo suficiente. Todo se barre en otro momento.

La necesidad de expansión personal

Si su relación marca las cuatro casillas anteriores, bien por usted. Tienes una buena relación en tu vida. ¿Quieres saber cómo mejorarlo? Darse mutuamente oportunidades de expansión. En otras palabras, ayúdense mutuamente a crecer. La expansión personal puede venir en muchas formas, pero esencialmente, satisfacemos esta necesidad sintiendo que hemos aprendido algo o que estamos aprendiendo algo unos de otros.

En una relación sana, ambos miembros de la pareja se animan mutuamente a ser las mejores versiones de sí mismos. No se muestran complacientes con los objetivos o logros de su pareja y, desde luego, no se menosprecian mutuamente. Déle a su pareja retroalimentación positiva, gentil y crítica constructiva.

Otra forma de satisfacer esta necesidad es estimulando intelectualmente a nuestra pareja. Entra en una discusión y enséñense cosas nuevas el uno al otro. Expandir las mentes de los demás. Lo creas o no, todo esto se reduce a nuestra necesidad biológica de procrear para una mayor evolución. Queremos encontrar una persona con la que podamos colaborar de verdad; alguien que aporte cualidades evolucionadas a la mesa o que evolucione con nosotros.

Cuando su necesidad de expansión personal no está siendo satisfecha....

Su pareja le hace sentir estancado. A veces hasta te preguntas si te están reteniendo de lo que realmente podrías lograr. No te inspiran de ninguna manera. Cuando usted entra en discusiones, no siempre se siente como si estuviera en la misma página. A menudo te aburres o te confundes con lo que dicen. Usted no cree que su pareja sea muy sabia o muy inteligente.

Las cinco etapas de una relación

Después de estudiar cientos de parejas diferentes, la conocida asesora de relaciones, la Dra. Susan Campbell, notó algo interesante: al igual que los seres humanos, las relaciones tienen sus propias vidas, formadas por cinco etapas diferentes. Cada etapa tiene sus propios patrones distintos y con un poco de autoconciencia, todas las parejas podrán identificar dónde está exactamente su relación.

Sin embargo, a diferencia de los seres humanos, cada etapa varía en duración de una pareja a otra. Y no todas las parejas tienen la suerte de aprender las lecciones de cada una de las etapas, especialmente la más difícil de todas, la segunda. Para asegurarte a ti y a tu pareja a través de estos niveles con amor, confianza y gracia, es mejor que te informes sobre lo que son.

ETAPA UNO: Romance y Atracción

De todas las etapas, ésta es la que probablemente conozcas más. Las películas de Hollywood han convencido a mucha gente de que la primera etapa es como son las relaciones todo el tiempo - pero esto no podría estar más lejos de la verdad. En este punto temprano en la relación, ambos miembros de la pareja están completamente enamorados el uno del otro. Todavía vemos a través de gafas de color rosa, sólo viendo los aspectos positivos de nuestra pareja, mientras que en la negación de sus rasgos negativos. Aquí, todavía no vemos a nuestra pareja exactamente como son.

Sus cinco necesidades están suspendidas en esta etapa porque es menos probable que nos demos cuenta si no se están satisfaciendo. Es más probable que nos encogamos de hombros y le demos a nuestra pareja el beneficio de la duda porque la relación es tan nueva. Estamos muy satisfechos en esta etapa, eligiendo ver lo que queremos ver.

La duración de esta etapa varía mucho. Algunas parejas progresan al siguiente nivel después de tan sólo dos meses y para algunas parejas afortunadas, puede durar hasta dos años -

pero rara vez más que eso. La primera etapa generalmente dura hasta que deciden declarar algún tipo de permanencia. Para algunas personas, aquí es cuando deciden empezar a salir exclusivamente, y para otras, puede ser que se muden juntos. La forma en que se percibe la permanencia varía de persona a persona.

ETAPA DOS: Desilusión y lucha

Después de la euforia y el ajetreo de la primera etapa, avanzamos a la parte más difícil de nuestra relación. Es la primera vez que se quitan las gafas de color rosa. Finalmente comenzamos a ver a nuestra pareja y a nuestra relación como son, y la decepción comenzará a filtrarse. Uno o ambos miembros de la pareja comenzarán a anhelar cómo eran las cosas al principio de la relación. Aquí es donde entra en juego el equilibrio: ¿cómo podemos mantener nuestra libertad personal a la vez que somos un?

Es importante recordar que pasar por esto es completamente normal. Debido a que los medios de comunicación nos han dado una idea tan poco realista del amor, tendemos a sacar conclusiones en la segunda etapa. Tan pronto como nos encontremos con estos problemas, pensamos que la relación debe estar condenada al fracaso. Te lo diré ahora: ¡la mayoría de los problemas que ocurren en esta etapa *pueden* ser solucionados!

Para avanzar a la siguiente etapa, es crucial que las parejas aprendan a hacerlo:

- Aceptaos los unos a los otros por lo que son y no por lo que quieren que sean.
- Llegar a un acuerdo sobre los comportamientos y hábitos que crean tensión en la relación.

Comunicación En Las Relaciones

- Adquirir herramientas y estrategias para la autotransformación positiva.
- Comuníquese honesta, amable y constructivamente.
- Acepta el cambio y deja de tratar de luchar contra él.

De repente, nuestras necesidades entran en juego. Si no se satisface una necesidad, aquí es donde empezamos a sentir que algo anda mal. Y si somos conscientes de nosotros mismos, sabremos exactamente cuál es esta necesidad. Resolver las necesidades insatisfechas ahora es la clave para satisfacerlas a largo plazo.

La mayoría de los divorcios y rupturas ocurren durante este período. Puede durar meses o incluso años. Las parejas pueden estar juntas durante mucho tiempo y permanecer atascadas en esta etapa, infelices hasta que finalmente deciden separarse. Los individuos son evaluados en esta etapa. La forma en que decidamos actuar y tratarnos determinará el curso que tome nuestra relación. Si rechazamos las lecciones que debemos aprender, estos problemas pueden volver a surgir en la próxima relación.

TERCERA ETAPA: Estabilidad y respeto mutuo

Si superas la tormenta, felicitaciones. Hay más paz y armonía en la tercera etapa. Aquí, las relaciones han madurado a lo grande y ambas partes, se den cuenta o no, son mejores versiones de sí mismas. Se utilizan estrategias y se respetan los compromisos. En lugar de tratar desesperadamente de cambiar a su pareja, usted se concentra en lo que está bajo su control. Usemos un ejemplo:

En la <u>segunda etapa</u>, Sam y Diane se peleaban constantemente. Diane llegaba a casa del trabajo y lo veía tumbado frente al sofá, viendo programas de televisión violentos y con una variedad de comida chatarra esparcida sobre la mesa de café.

Comunicación En Las Relaciones

Esta era su rutina después del trabajo. Sam quería relajarse y sentirse como en casa, pero Diane quería que las cosas fueran más limpias y organizadas. En sus peleas, Sam llamó a Diane demasiado estricta y controladora, y ella lo llamó un vago desordenado.

En la <u>tercera etapa</u>, Sam y Diane han aceptado las diferentes necesidades del otro. Diane ahora entiende que es la forma de Sam de des estresarse del trabajo. Sam también entiende que Diane necesita ver un ambiente limpio y tranquilo para desestresarse de su propio trabajo. ¿La solución? Algunas noches, Sam puede relajarse como quiera, pero baja el volumen del televisor para que Diane pueda usar una aplicación de meditación en la habitación de al lado. Otras noches, Diane puede leer en paz y tranquilidad, mientras Sam ve sus programas de televisión con auriculares en la habitación de al lado. Y en noches especiales, verán un programa que ambos quieren ver y comerán bocadillos que ambos disfrutan. Si hay algo que les moleste, lo sacarán a relucir con suavidad y amabilidad, sin sacrificar a la otra persona.

En la tercera etapa, usted ha decidido comprometerse y ahora se está adaptando a la vida con estos nuevos cambios implementados. Por fin empiezas a entender qué es lo que hace una buena pareja.

Ya no ven los compromisos como una violación de su libertad personal, sino que los ven como oportunidades de cooperación. Todos los conflictos que surgen se tratan con madurez.

Las necesidades de conexión emocional y crecimiento personal probablemente estén bien satisfechas durante esta etapa. Para evitar aburrirse y estancarse, asegúrese de que haya una buena dosis de variedad.

CUARTA ETAPA: Amor y Compromiso

Aquí, el amor está completamente formado. Todas nuestras acciones explican nuestro compromiso con nuestro ser querido. No sólo se han aceptado el uno al otro y han aprendido a comprometerse, sino que han aceptado su vida juntos como *su vida*. Esto no siempre significa matrimonio, pero es aquí donde dos parejas están realmente listas para el matrimonio. En la tercera etapa, aceptamos la idiosincrasia de nuestra pareja, pero en la cuarta etapa, amamos y abrazamos estas diferencias.

Las parejas seguirán experimentando tensión y conflicto en esta etapa, pero esto suele ser circunstancial o incitado por los nuevos acontecimientos de la vida. Aquí ya han elaborado una dinámica para las situaciones que conocen bien, pero inevitablemente surgen situaciones para las que no están preparados.

Por ejemplo, Sam y Diane ya no tienen discusiones acaloradas sobre cómo comportarse en casa. Sin embargo, una noche en una cena, Sam contó una historia sobre Diane que realmente la avergonzó. Él pensó que sería gracioso, pero ella argumentó que era demasiado personal. Conflictos como este pueden surgir a veces, pero usando las herramientas que han aprendido en la Etapa Dos, pueden llegar a una resolución.

En esta etapa, es importante que las parejas se aseguren de que se satisfagan sus necesidades de variedad y conexión emocional. El compromiso se ha solidificado y a veces esto puede significar que la rutina ha comenzado a controlar su vida.

ETAPA CINCO: Simbiosis y Compartir

Comunicación En Las Relaciones

Cuando llegamos a la etapa final de nuestra relación, ya no somos insulares y contenidos. Aquí, empezamos a trabajar juntos para devolver algo al mundo. Una vez que se ha construido un cimiento fuerte, es natural querer construir hacia arriba y hacia afuera.

Esto puede significar hijos, pero no para todas las parejas. También puede significar iniciar un proyecto o negocio. Usted sabe que una pareja está en esta etapa cuando tienen una cualidad de dar, casi paternal, o simplemente parecen hacer *las cosas* juntos. Es lo opuesto de dos jóvenes tortolitos que se encierran en una habitación y no hablan con nadie; una pareja sólida quiere compartir con el mundo de alguna forma. Están dispuestos a colaborar de todas las maneras posibles.

Capítulo Dos - El Diagnóstico

Piensa en la última vez que fuiste al médico. No importa para qué era, si era grave o completamente leve, cada vez que ha tenido que ser encuestado para un diagnóstico. Antes de llegar a una solución o de que se administre un tratamiento, se deben anotar y analizar los síntomas. No importa cuán potente sea el medicamento; si es para tratar una dolencia que no tienes, no arreglará lo que realmente está mal contigo.

Este mismo principio se aplica aquí. Usted puede leer sobre consejos para una buena relación, pero no todos serán útiles para su situación específica. Si quieres mejorar tu relación, vas a necesitar ser realista acerca de cuáles son los problemas. El siguiente capítulo se centrará en identificar los puntos problemáticos de su relación. Sea honesto consigo mismo. Las señales están ahí, sólo tienes que notarlas.

6 Grandes Signos Usted y su Pareja Necesitan Comunicarse Mejor

1. **Hablas de tu pareja más de lo que hablas con ellos**

Es completamente normal hablar de nuestra relación con nuestros amigos y familiares, especialmente cuando necesitamos consejo, pero considera esta importante pregunta: ¿alguna vez compartes estos mismos temas directamente con tu pareja? ¿Cuánto pesan más sus comunicaciones *sobre* su pareja que sus comunicaciones *con* ellos?

Comunicación En Las Relaciones

2. Se ha vuelto irritable con su pareja o viceversa.

En un momento de su relación, parecía que su pareja podía hacer cualquier cosa y usted dejaba que se le escapara. Pero ahora, se necesita mucho menos para perder la paciencia con ellos. Te encuentras a ti mismo irritado por pequeñas cosas que nunca antes te habían molestado. Esta es una señal clave de que una de sus necesidades no está siendo satisfecha, y una señal de advertencia de que necesita abrirse al respecto antes de que usted se quiebre. Sea honesto con usted mismo y considere la verdadera razón detrás de su baja tolerancia.

3. Te encuentras a ti mismo preguntándote qué es lo que tu pareja está sintiendo realmente

Nunca debemos sentir que nuestra pareja es un misterio total. Si con frecuencia te encuentras tratando de entender a tu pareja como si fuera un rompecabezas complicado, entonces hay mucho que necesita ser aclarado entre ustedes dos. En una relación saludable con una gran comunicación, estamos en la misma página que nuestras parejas el 99% del tiempo.

4. Usted y/o su pareja son propensos a obstaculizar el proceso.

Cuando una de las partes se cierra, se niega a ser vulnerable y a cooperar, esto se llama bloqueo. Esto va más allá del tratamiento silencioso. Alguien que te está dando evasivas seguirá hablándote, pero tendrás la sensación de que tiene la guardia alta. No están siendo reales e incluso pueden estar jugando. Una persona que tiene miedo no está comunicando algo que necesita ser compartido. ¿Por qué otra razón tendrían una reacción tan fuerte a ser vulnerables?

5. Evitas ciertos temas y sientes como si estuvieras caminando sobre cáscaras de huevo.

A veces hay más de un elefante en la habitación. A veces puede incluso sentirse más como un mamut. ¿Se siente la habitación llena de palabras sin pronunciar? ¿Se nota la tensión? Esta es una gran señal de que la relación está luchando con la comunicación abierta. Por alguna razón, ninguna de las partes se siente cómoda diciendo lo que hay que decir. Y lo más probable es que esto no sea lo único por lo que luchan por decir.

6. Uno o ambos miembros de la pareja están siendo pasivo-agresivos

La agresión pasiva es una gran señal de que hay algo por decir.. Ocurre cuando alguien no quiere ser odioso o abiertamente agresivo, por lo que trata de ventilar sus quejas sin ser completamente sincero. No están siendo realmente honestos, están tratando de hablar de ello sin *realmente* hablar de ello. El sarcasmo es otra forma de agresión pasiva cuando se usa de una manera desagradable. Cuando no podemos comunicarnos directamente, encontramos formas más indirectas de dar a conocer nuestros sentimientos.

Las razones por las que no nos comunicamos

Conocer la razón detrás de la mala comunicación no nos dará las herramientas que necesitamos, pero nos mostrará por dónde empezar a trabajar. ¿Cómo podemos esperar llegar a algún lado si no sabemos por dónde empezar?

- **Uno o ambos miembros de la pareja tienen problemas para ser vulnerables**

Esta es una razón común por la que la gente no se comunica y es un obstáculo que se puede superar con la práctica. Hay muchas razones extremadamente válidas por las que alguien puede tener problemas para ser vulnerable. A veces hay una historia de abuso, diferencias culturales, una educación opresiva, o tal vez es sólo la personalidad de esa persona.

- **Tienes miedo de que te critiquen.**

Cuando estamos en una relación con una persona altamente crítica, esto puede afectar nuestra capacidad de ser abiertos con ella. Es menos probable que seamos honestos porque estaremos constantemente pensando en cómo reaccionarán a nuestros pensamientos honestos. Incluso si es algo que no les molesta en absoluto, podemos anticipar en exceso esta reacción por ansiedad.

- **No te das cuenta de que hay algo que tienes que decir**

A muchas personas en el mundo se les ha enseñado a vivir con una actitud de"levantarse y seguir adelante". Si bien esta es una gran manera de abordar los problemas de la vida, puede hacer que la comunicación sufra en una relación. Por qué? Porque esta actitud nos lleva al hábito de tragarnos nuestro dolor y angustia, sin reconocerlo. Tratamos de suprimir estos sentimientos y al hacerlo, nos volvemos menos conscientes de cómo nos sentimos realmente. Así que cuando hay algo que necesitamos desesperadamente plantear a nuestra pareja, es posible que no seamos conscientes de lo que realmente es. Esto puede resultar en un comportamiento muy ambiguo y pasivo-agresivo.

- **Sus vidas se han vuelto muy ocupadas**

Cuando estamos ocupados, no sólo no nos comunicamos porque literalmente tenemos menos tiempo para hablar. Tener menos tiempo con nuestra pareja significa que también empezamos a perder el sentido de la intimidad.. Cuando nos sentimos distantes de nuestras parejas, es menos probable que queramos compartir algo personal con ellas.

- **Uno de ustedes está guardando un secreto**

Es una posibilidad que no nos gusta considerar, pero sigue siendo una potencialidad para cualquier pareja. Cuando tenemos algo que ocultar, puede afectar a la comunicación en su conjunto. Subconsciente o completamente consciente, la pareja con el secreto comienza a mantener su distancia, sabiendo que es la única manera de proteger su secreto. A menudo, su pareja también sentirá que algo está mal, lo que sólo conduce a una mayor distancia e incluso a una peor comunicación. Este secreto no es siempre una traición como la infidelidad.

- **Te estás aferrando al resentimiento**

Cuando nuestra pareja guarda rencor, deja de permitirse conectarse con su pareja. El rencor puede ser por algo tonto o algo enorme, pero siempre tiene el mismo efecto. El resentimiento es tan fuerte que casi puede sentirse como una tercera entidad en la relación. Incluso si verbalizamos que hemos perdonado a nuestra pareja, mientras haya una pizca de resentimiento, este perdón no está del todo presente. Cuando guardamos rencor en secreto o no tan en secreto, la comunicación puede sentirse tensa o completamente inexistente. El compañero en el extremo receptor sentirá que hay una pared que no puede pasar.

Los 10 errores de comunicación que no sabes que estás cometiendo

Otro paso de principiante para mejorar la comunicación en las relaciones es ver qué es lo que está impidiendo el progreso.

Comunicación En Las Relaciones

Antes de que podamos siquiera pensar en remedios y soluciones, necesitamos identificar qué conducta es absolutamente necesaria. Es hora de ser honesto contigo mismo.

1. Te niegas a ser responsable de nada

Cuando nos enfrentamos a una situación que nos angustia, es difícil de aceptar que hayamos desempeñado un papel importante para que esto ocurriera. Pero la dura realidad es que normalmente lo hacemos. Cuando estamos en una relación, es vital que aprendamos a tomar responsabilidad por nuestra parte en una situación. Las disculpas no significan nada si no hay responsabilidad para respaldarlo. Cuando aprendemos a reconocer nuestras acciones, creamos un espacio seguro de honestidad, vulnerabilidad y amabilidad en nuestra relación. Refuerza la idea de que son un equipo. Sí, ambos jugaron un papel en la creación de una circunstancia desfavorable, pero lo más importante es que ambos pueden trabajar juntos para prevenirla en el futuro. No trate a su pareja como el villano; trátela como a un miembro de su equipo.

2. Estás descartando los sentimientos de tu pareja

He aquí un secreto que probablemente ya conozcas: a veces vas a pensar que los sentimientos de tu pareja son ridículos. A veces, usted no los entenderá en absoluto y puede tener el impulso de simplemente alejarse. Sin embargo, es importante recalcar que *nunca* debe alejarse o encogerse de hombros. Descartar los sentimientos de su pareja puede causar mucho daño. Usted necesita entender que aunque no signifique nada para usted, podría estar causando mucho dolor a su pareja. Cuando desestimas los sentimientos de tu pareja, les dices que no te importa cómo se sienten. Esto puede crear un dolor aún más profundo para ellos y arruinar la comunicación en su relación.

3. Está usando lenguaje áspero o abusivo

Usted podría estar diciendo algo completamente razonable, pero si está usando un lenguaje abusivo o insultándolo para demostrar su punto de vista, usted y su pareja se están haciendo un flaco favor. Cuando utilizamos un lenguaje abusivo para transmitir un mensaje, es mucho menos probable que sea escuchado. Nadie quiere que lo regañen como a un niño o que lo hagan sentir como a un fracasado. El lenguaje y el tono que usamos deben animar a nuestra pareja a hacerlo mejor, no avergonzarla por lo que ha hecho. Tan pronto como hacemos esto, hacemos más probable que nuestras parejas actúen por miedo, en lugar de por empoderamiento y amor. Este tipo de comportamiento puede arruinar una relación y, en algunos casos, puede incluso traumatizar a la persona que la recibe. Es esencial arreglar este comportamiento tan pronto como surja.

4. Estás gritando y gritando

Si usted está levantando la voz o gritándole a su pareja, está matando todas las posibilidades de verle cara a cara. Al igual que el uso de lenguaje abusivo, esta es la manera incorrecta de transmitir un mensaje. No importa cuán racional sea ese mensaje o cuánta razón tengas; cuando gritas y gritas, haces que tu mensaje sea menos poderoso. La entrega de su mensaje debe animar a su pareja a cooperar con usted, no a acobardarse de miedo. Cuando actuamos con agresividad, aumentamos la probabilidad de que nuestra pareja reaccione a la defensiva. En cuanto lo hagamos, entraremos en modo de combate. Nada se resuelve cuando estamos en modo de combate.

5. Siempre cedes y te disculpas

No siempre se trata de ser demasiado agresivo, también se puede ser demasiado sumiso. Si te encuentras constantemente de acuerdo y disculpándote aunque no hayas hecho nada malo, estás tomando la salida fácil. Es cierto que debemos escoger nuestras batallas y a veces es más importante tragarnos nuestro ego en lugar de discutir, pero esto no debería ser algo común. Si te encuentras constantemente con el mismo problema con tu pareja, es hora de dejar de dar marcha atrás tan fácilmente. Si usted continúa asumiendo la culpa, el problema nunca se resolverá porque usted no es la persona que lo está causando. Por el bien de la relación, usted necesita decirle a su pareja cómo están creando la situación en cuestión. Ayúdelos a ver la oportunidad de mejorar las cosas.

6. No piensas antes de hablar

Tirar palabras como "siempre" o "nunca" cuando no se quiere decir literalmente, a veces puede ser perjudicial para la situación en cuestión. Por ejemplo, si le dices a tu pareja, "Siempre estás lloriqueando" o "Nunca me ayudas con nada", es probable que no sea una afirmación exacta. Si no es literalmente cierto, puede parecer doloroso porque estás exagerando el problema. Es esencial que se atenga a los hechos cuando plantee un problema y se mantenga alejado del lenguaje que señala con el dedo.

7. Estás siendo *demasiado* honesto.

Siempre escuchamos que nunca debemos ocultarle nada a nuestra pareja, pero eso no es del todo cierto. Es posible ser *demasiado* honesto y puede causar mucho daño. Como regla general, generalmente es una buena idea ser honesto sobre algo que *hiciste,* pero no siempre es necesario decirles todo lo que *piensas*. Si estás planeando almorzar con un ex, deberías ser absolutamente honesto sobre esto. Pero, ¿debería decirle a su pareja que encuentra atractiva a una de sus amigas? Definitivamente no. Este tipo de honestidad puede herir los sentimientos de alguien.

8. No te permites ser vulnerable

Es normal sentir cierta resistencia a ser vulnerable. Después de todo, estamos dando a alguien información muy personal y es natural que queramos protegernos. Pero para que una relación sea saludable, es vital que aprendamos a ser vulnerables con nuestra pareja. Todo esto significa que necesitamos compartir cómo nos sentimos de una manera honesta y abierta. Significa mostrar un lado de nosotros mismos que normalmente no mostramos a nadie. Para lograr un verdadero sentido de intimidad, necesitamos dejar entrar a la gente. Evite comunicarse enigmáticamente o usar el sarcasmo y el humor en situaciones serias.

9. ¿Esperas que tu compañero te lea la mente

Esta es una razón común por la que la gente se enoja entre sí y es fácil de prevenir. La frustración proviene de la idea de que nuestra pareja debe *saber* cuando algo anda mal, y deben *saber* qué hacer para solucionarlo. Esto no es justo para tu pareja. Por supuesto, sus emociones y necesidades le parecen obvias. Después de todo, ¡tú eres el que los siente! Hay muchas razones por las que su pareja no se daría cuenta y la mayoría de ellas no valen la pena. El hecho es que cuando no esperas que alguien tenga una cierta reacción, es menos probable que notes las señales. Así que dale un respiro a tu pareja y sé honesto. Una vez que elimine el problema, puede empezar a trabajar en las soluciones.

Comunicación En Las Relaciones

10. Atacas a tu pareja y no el problema

Cuando nuestros seres queridos hacen algo que nos molesta, puede ser tentador empezar a atacar su carácter, pero nunca debemos hacerlo. Digamos que se olvidaron por completo de recoger los comestibles de camino a casa desde el trabajo. Tan enloquecedor como esto puede ser, no digas: "Eres tan olvidadizo. ¡Te olvidas de todo!" Incluso si tienen tendencia a olvidar, siempre enfóquese en el tema en cuestión. En lugar de llamarlos olvidadizos, mencione lo que realmente está incitando su enojo en esta situación específica, es decir, olvidarse de los comestibles. Considere la posibilidad de decir algo como: "Realmente me gustaría que te esforzaras más por recordar estos importantes recados. Me sentiría mucho mejor si pudiéramos compartir la tarea de recoger los comestibles." Incluso puede ofrecer una solución como crear un recordatorio telefónico. También podrías rendir cuentas y añadir: "Debí haberte enviado un mensaje de texto para recordártelo. Sé que tienes muchas cosas en la cabeza después del trabajo". Cuando atacamos el carácter de nuestro compañero, esto es un desprecio. Puede hacer que se sientan mal consigo mismos y esto no ayuda a crear una solución.

¿Cuántos de estos problemas y signos ha reconocido en su relación? Cuanto más resuene, más desesperadamente su relación necesita una mejor comunicación. Y no se preocupe, la mayor parte de esto es completamente solucionable!

Capítulo Tres - Hábitos para la Felicidad

El poder de los pasos de bebé está muy infravalorado. Sólo piénsalo: nuestras vidas no están hechas de grandes logros y destinos finales. Está hecho de las luchas más pequeñas, el trabajo diario, y las pequeñas victorias que se acumulan en grandes victorias.

Una de las principales maneras en que nos preparamos para el fracaso es centrándonos en el resultado final y no en los pequeños pasos que nos llevan allí. Por ejemplo, podemos decir que queremos perder peso, pero en lugar de crear metas alcanzables paso a paso como "Come un postre una vez a la semana" o "Come una ensalada cada día", crearemos metas grandes como "Pierde 5 libras en una semana" sin un solo método para ayudarnos a progresar.

El secreto para lograr cualquier cosa es éste: crear buenos hábitos que apoyen su objetivo. ¿Quieres una comunicación fantástica en tu relación? Probablemente no va a ser excelente de inmediato. Y el progreso será lento si no planeas pasos más pequeños y alcanzables. Si desea una mejor comunicación, tendrá que crear mejores hábitos de comunicación. Comienza con la implementación de una técnica, luego otra, y aprendiendo a hacer de estas nuevas herramientas parte de su rutina. Para tener éxito, necesitas reinventar tus normas.

9 Hábitos de comunicación que salvan las relaciones

1. Check-in con cada uno todos los días

Este acto es tan simple, pero tan poderoso. Por lo menos una vez al día, obtenga información actualizada sobre cómo le está yendo a su pareja. Esto no siempre significa preguntar "¿Cómo estás?", también puede significar preguntar cómo les fue el día cuando se vieron después del trabajo. Si recuerda que su pareja mencionó una reunión difícil, pregunte cómo le fue en esa reunión. Al hacer esto, demostramos a nuestra pareja que nos importa y que estamos escuchando.

2. Aprender a usar las afirmaciones "I feel/It feel" (Yo siento/Ello siente)

Cuando empiezas una declaración con "I feel", convierte una declaración potencialmente acusadora o asuncionista en algo más suave. Para obtener el mejor resultado posible en cualquier situación, especialmente cuando nuestra pareja se encuentra en un estado de ternura, las declaraciones de "siento" son la mejor manera de comunicarse con ellos. Note la diferencia entre estas dos afirmaciones:

- "No me estás escuchando. No has oído nada de lo que he dicho".
- "Siento como si no me estuvieras escuchando. Parece que no has oído nada de lo que he dicho".

Cambia el énfasis de "tú" a "yo". Note cómo esto hace que algo que podría ser interpretado como acusatorio o agresivo de repente se convierta en una observación honesta. No le estás diciendo a tu pareja cómo actuaron; estás enfatizando cómo estás experimentando sus acciones. Hay una gran diferencia. Esto es más difícil de discutir porque cuando explicamos cómo nos sentimos, nos volvemos vulnerables. Ya que sólo decimos "lo que se siente" de esa manera, le damos a nuestra pareja la oportunidad de decir que eso no es lo que ellos querían decir. Cuando no usamos "se siente", acorralamos a nuestra pareja, haciendo que su cooperación sea menos probable.

3. Reconsidere lo que usted considera "sin importancia".

Este consejo menos conocido es notablemente efectivo para transformar las relaciones. Cuando nuestra pareja dice algo que no creemos que sea tan importante, no logramos hacer una realización masiva: ¡puede ser muy importante para ellos! Siempre que estés a punto de decir "Eso es bonito, cariño" o incluso de ignorar lo que dicen, considera el impacto positivo que tendría una respuesta adecuada. Si su pareja acaba de llegar a casa del trabajo y menciona de pasada que hizo un nuevo amigo, no sólo asienta con la cabeza y diga "Oh, genial". Di con entusiasmo: "Es maravilloso que hayas hecho un nuevo amigo".

¿Quieres saber algo más? Si su pareja muestra entusiasmo, incluso si es por algo pequeño, usted debe encontrar ese entusiasmo con interés o, al menos, debe reconocerlo apropiadamente. Si vas a dar un paseo y tu pareja te dice: "¡Oh, mira! Qué pájaro tan bonito", es muy probable que no te importe el pájaro tan bonito. Pero nunca debe ignorar a su pareja cuando está entusiasmada con algo. Di: "Me pregunto qué clase de pájaro es" o simplemente concuerda con ellos diciendo: "Es un pájaro muy bonito". Usted debe responder por lo menos una vez a su declaración.

Todo esto crea una conexión más cercana y permite que su pareja se sienta verdaderamente significativa. Disminuye los sentimientos de ser ignorado e inadvertido. Si la necesidad de importancia de su pareja no se está satisfaciendo, este es un hábito que usted debe implementar en su comunicación diaria.

4. Haga preguntas sobre sus intereses

Acostúmbrese a preguntarle a su pareja sobre temas o eventos que le interesen. No me refiero sólo a temas que ellos piensan que son interesantes, sino a los temas que los excitan realmente, aunque sean un poco tontos. Si a tu pareja le gustan los chismes de celebridades, pregúntale cuál es su celebridad favorita últimamente, o pregúntale qué pensaron del último artículo sobre ellos.

Piense en la última vez que vio los ojos de su pareja iluminarse cuando hablaban. Es un buen punto de partida. Cuando adquirimos el hábito de hacer esto, construimos una conexión más fuerte con nuestra pareja. Los hace sentir especiales porque no sólo recuerdas lo que les gusta, sino que te importa lo suficiente como para dejarlos hablar de ello. Mientras hablan, muestre un entusiasmo genuino por lo que están diciendo.

5. Diga por lo menos una cosa positiva o alentadora a su pareja todos los días

No tiene que ser una carta de amor larga e interminable; sólo dígale al menos una cosa positiva a su pareja todos los días, aunque sea corta y dulce. Puede ser cualquier cosa, y se debe hablar con entusiasmo. También eres libre de hacer esto por texto. Algunas ideas son:

- "Has estado trabajando muy duro últimamente. Sabes, realmente admiro lo trabajador que eres".
- "Sé que has estado estresado, pero creo que lo estás llevando todo muy bien."
- "Te ves maravillosa hoy."

Si no se te ocurre nada, ¿por qué no un simple pero sincero "te quiero"? Pimienta más declaraciones positivas en tu comunicación diaria con tu pareja y descubrirás que toda tu dinámica se vuelve más amorosa al instante.

6. Si no está de acuerdo, invítelos suavemente a reflexionar

No puedes evitar los desacuerdos con tu pareja, pero *puedes* evitar convertirlos en argumentos en toda regla. En lugar de afirmaciones de "debería" o "no debería", anímelos a reflexionar. No les des una idea, llévalos a ella.

Usemos un ejemplo. Kelly ha planeado una cita para almorzar con una amiga que siempre la ha despreciado y ha sido mala con ella. Su compañero, James, no cree que sea una buena idea que se reúnan. En lugar de decir: "No deberías encontrarte con ella", opta por incitar a la reflexión. Él pregunta: "¿Crees que se comportará de la misma manera que la última vez?" y "¿Qué crees que será diferente esta vez?" James permite que se conozca su opinión usando frases "I". Él dice: "Sólo me preocupa que sea una mala amiga, como suele serlo. No me gusta verte enfadado".

Utilice preguntas para invitar a su pareja a reflexionar, y si tiene que añadir su opinión, utilice siempre las frases "I".

7. Sigue diciendo 'por favor' y 'gracias'.

Cuando dejamos de usar nuestros modales básicos con alguien, es una señal preocupante de que hemos empezado a darlos por sentados. Asegúrese de que, pase lo que pase, siempre tendrá el hábito de decir "por favor" y "gracias" en los momentos apropiados. Aunque estés de mal humor, deberías decirlo. Esta es la manera más básica de mostrar aprecio por alguien, y cuando nos detenemos, mostramos un sentido de derecho.

Usted puede pensar que su pareja no se dará cuenta, pero ellos lo harán, especialmente cuando han puesto un esfuerzo considerable en proporcionarle algo. Siempre muestre aprecio por los esfuerzos de su pareja y adhiérase a estos buenos modales básicos.

8. Participe en conversaciones de almohada

Incluso cuando ambos miembros de la pareja tienen horarios ocupados, no hay razón para que no puedan disfrutar de una pequeña charla de almohada. Después de todo, todos necesitamos irnos a la cama en algún momento. La charla de almohada se produce al final del día, cuando las parejas se acuestan en la cama. Consiste en una conversación íntima y relajada en la que ambos miembros de la pareja pueden compartir sus pensamientos. Las parejas pueden elegir acurrucarse o no, pero el contacto físico tiende a crear una atmósfera más amorosa. Si estás teniendo una conversación algo tensa, los abrazos pueden reducir la combatividad y aumentar la probabilidad de cooperación. Cuando las parejas se acostumbran a hablar en la almohada, tienen una mayor oportunidad de mantener viva la intimidad y la conexión en su relación.

9. Comparta abiertamente con su pareja

Para crear una mayor sensación de intimidad y conexión, no espere a que le hagan preguntas, simplemente empiece a compartir partes interesantes de su día. Cuéntales sobre cosas divertidas que sucedieron en el trabajo, o sobre el texto hilarante que tu amigo te envió. Si estás molesto por algo que sucedió, sé vulnerable y compártelo con ellos. Una vez que empiezas a hacer esto, creas un ambiente donde el compartir y la apertura no es sólo bienvenido, sino completamente normal. Esto significa que es más probable que su pareja también comparta con usted. Cuando la distancia aumenta entre dos personas, tienden a pensar demasiado en cómo mejorarla. La solución es simple: comience a actuar como si no hubiera distancia alguna.

Cuando compartas abiertamente con tu pareja, asegúrate de que haya una oportunidad para que ellos también lo hagan. No pases horas hablando sólo de ti y de tu día. Invítelos a compartir cosas que son emocionantes o interesantes en su vida. Por supuesto, algunos de nosotros somos naturalmente más habladores, y a veces, simplemente no podemos evitarlo. Para asegurar que haya un intercambio uniforme de conversación, considere la siguiente técnica:

Todo Sobre la Regla 80/20

Si usted normalmente es el que más habla o siente que su pareja necesita desahogarse, opte por la regla 80/20. Esta técnica es extremadamente fácil y directa. Cuando esté hablando con su pareja, trate de escuchar el 80% del tiempo y sólo hable el 20% del tiempo. No uses esta técnica en cada conversación con tu pareja, ya que no siempre es apropiado y a veces es mejor mantenerla al 50%. Póngalo en juego sólo si su pareja necesita expresar algo, si siente que se avecina una discusión, o si simplemente quiere practicar para ser un mejor oyente.

Medición de la felicidad con la proporción de la relación mágica

Para entender mejor la felicidad en las relaciones, los psicólogos estudiaron una gran variedad de parejas pidiéndoles que resolvieran un conflicto en 15 minutos. Estas conversaciones fueron grabadas y observadas nueve años después. Los mismos psicólogos hicieron predicciones sobre qué parejas permanecerían juntas y cuáles se divorciarían.

Comunicación En Las Relaciones

Sorprendentemente, un seguimiento con las parejas involucradas encontró que los psicólogos tenían un 90% de precisión en sus predicciones!

Esto los llevó a descubrir la Relación Mágica en las relaciones. Encontraron que la mayor diferencia entre parejas infelices y felices es el equilibrio entre las interacciones positivas y negativas durante los momentos de conflicto. En este caso, el equilibrio de estas interacciones no es una división uniforme. La proporción mágica es, de hecho, de 5:1.

Lo que esto significa es que por cada interacción negativa, una pareja sana y feliz tendrá cinco o más interacciones positivas para compensar la negatividad. Las interacciones negativas pueden incluir cosas como girar los ojos, la desestimación, la defensa o la crítica. Y para contrarrestar esto, las parejas deben participar en interacciones positivas como el afecto físico, bromas bien intencionadas, disculpas, mostrar aprecio, hacer preguntas bien intencionadas, aceptación y encontrar oportunidades para llegar a un acuerdo. La proporción de 5:1 indica que una pareja es feliz, saludable y probablemente permanecerá unida a largo plazo, mientras que la proporción de 1:1 es común para las parejas que ya están al borde del divorcio o de la ruptura.

Si hay algo que se puede quitar de esta proporción, es que la negatividad hace mucho daño! Después de todo, se necesitan cinco interacciones positivas para compensar una sola negativa. Siempre tenga eso en mente al avanzar y tenga cuidado de no dejar que demasiada negatividad se filtre en sus interacciones diarias. Piense en la última vez que tuvo un conflicto con su pareja. ¿Cuántos casos de positividad y negatividad mostraron ambos?

Comunicación En Las Relaciones

Deja de enloquecerte por estos 6"problemas"

Cuando tenemos una relación profunda, muchas cosas empiezan a cambiar - naturalmente, esto nos hace preocuparnos. Las chispas y las mariposas son reemplazadas por otros sentimientos, y no está del todo claro si esto es algo bueno o malo. ¿Significa esto que ya no estás enamorada? ¿Su relación está condenada al fracaso? ¡Deja de preocuparte! La mayoría de las veces, las parejas se preocupan por algo que es completamente normal.

Es importante que eliminemos el hábito de enloquecer. Cuando nos volvemos locos, estamos tan atrapados en la emoción que no consideramos una solución real. Y déjame decirte que *hay* soluciones. A continuación, se incluyen algunos de los problemas más comunes de las relaciones y, mejor aún, cómo puede solucionarlos a través de la comunicación.

1. Su relación no es tan emocionante como antes.

De todas las quejas y preocupaciones, ésta es, con mucho, la más común. Pregúntele a cada pareja a largo plazo y ellos le dirán que la emoción de sus primeros días se ha calmado. El apuro de una nueva experiencia ha sido reemplazado por un sentido de familiaridad y cercanía. ¡No te asustes por esto! Has encontrado estabilidad. No pienses en ello como si hubieras perdido algo, sino como si estuvieras entrando en una nueva fase. Su relación se ha nivelado.

Es importante distinguir entre una relación que se siente menos emocionante y una que ha perdido *toda la* emoción. Si estás en el segundo campamento, tienes que pensar un poco más. O usted y su pareja se han hundido demasiado en una rutina rígida, o han perdido los sentimientos el uno por el otro. Lo más probable es que sea sólo rutina. Han dejado de ocuparse de las necesidades de los demás en cuanto a variedad, conexión emocional y expansión personal. Considere tener una cita de corazón a corazón y programar una noche de cita. Haga el esfuerzo de darle sabor a su rutina. No es tan difícil como crees!

2. A veces quieres desesperadamente estar a solas

Es normal querer estar a solas, en realidad es muy saludable. Significa que usted y su pareja han evitado volverse codependientes y esto es vital para la salud de una relación. Anhelar la soledad significa que todavía valoras tu independencia y esto es algo de lo que sentirte orgulloso, no preocupado.

Decirle a su pareja que necesita un tiempo de separación no debería ser una discusión difícil. Sea directo, sea casual y evite convertirlo en una charla seria - hacer que parezca demasiado serio hará que su pareja piense que hizo algo malo. Sólo di: "Hace tiempo que no tengo tiempo para mí mismo y siempre he necesitado soledad para recargarme. ¿Puedo verte cuando termine el fin de semana?" Si su pareja es menos independiente que usted, concluya con un plan para su próxima reunión, para que tengan algo que esperar. Aprender a pedir tiempo a solas es un hábito fantástico que hay que adquirir cuando se entra en una relación. Lo ideal es que ambos miembros de la pareja puedan tomarse un tiempo libre cuando lo necesiten, sin preocuparse por la otra persona.

3. Atrapaste a tu compañero mirando a alguien más

La primera vez que ve a su pareja deambulando por otro lado, puede ser muy angustiante. Está bien ser tomado por sorpresa, pero usted debe darse cuenta de que esto es una ocurrencia completamente normal. Incluso las parejas más comprometidas encontrarán atractivas a otras personas. La atracción hacia otras personas no dice nada sobre sus sentimientos hacia ti. Piensa en la última vez que viste a alguien que te pareció atractivo. Pudo haber sido alguien que se te cruzó en la calle, o quizás fue una celebridad atractiva en una película. ¿Recuerdas cómo se te atrajeron los ojos hacia esa persona? Era automático, pero no estaba alimentado por ninguna emoción real. Nuestros cerebros están conectados para disfrutar mirando lo que encontramos atractivo, pero lo único que es un dulce para la vista, a menos que lo persigamos.

. Esto sólo los hará sentir avergonzados e incómodos. Incluso puede hacer que se sientan ansiosos si están cerca de alguien a quien encuentran atractivo - ¡lo que lleva a una incomodidad aún mayor para todos! Sólo recomiendo que lo mencione si su pareja lo hace continuamente y de una manera abierta o irrespetuosa. Si sus ojos permanecen demasiado tiempo, o si eso les hace dejar de prestarle atención, siéntase libre de decir: "¿Podría no hacer eso, por favor? Realmente me molesta". Sea directo y claro. Y recuerde, este es un problema muy común.

4. Tienes intereses muy diferentes

Pregúntele a cada asesor de relaciones o matrimonios, y le dirán que hay algunas parejas muy sanas y felices con intereses completamente diferentes. A veces incluso intereses opuestos. En cierto modo, esto puede ser bueno para una pareja. Con intereses diferentes, se hace fácil mantener su independencia, algo que es muy bueno para las parejas a largo plazo. Cuando una pareja tiene todo en común, se arriesga a pasar demasiado tiempo juntos, a volverse codependientes y, si no tienen cuidado, a quemar el fuego de su relación. Acepta el hecho de que tienes intereses diferentes. Cambie su perspectiva: no son demasiado diferentes, se *complementan entre sí*.

Si tener diferentes intereses significa que raramente se ven, asegúrese de programar por lo menos dos días a la semana en los que pueda participar en la misma actividad. Por ejemplo, puede ver una película en casa, ir al cine, ir a un bar de jazz o a una función de teatro. Incluso pueden elegir aprender juntos una nueva habilidad, como la cerámica o la pintura. Hablen entre ustedes y lleguen a un acuerdo sobre la manera en que pueden divertirse juntos.

5. A veces tu pareja te molesta de verdad

Conoces esos momentos, ¿no? Miras a tu compañero y deseas que se calle. O desearías que se quedaran sentados y dejaran de hacer lo que están haciendo. En los días malos, usted podría incluso irritarse por cosas tontas como qué tan ruidosas están respirando o cómo hablan.

Lo creas o no, esto también es normal, siempre y cuando no sea persistente. Si te encuentras sintiéndote así durante días y días, existe la posibilidad de que hayas perdido los sentimientos por esta persona o que estés pasando demasiado tiempo con ella. Pero si dura sólo unas pocas o varias horas, y luego te encuentras volviendo a tus sentimientos de afecto, entonces no tienes nada de qué preocuparte. ¡Estás en una relación normal y duradera! Durante sus momentos de molestia, sepa que es normal, y resista el impulso de decir algo hiriente.

6. Ya no tienes tanto sexo como antes.

Las encuestas han demostrado que esta preocupación es una de las más comunes. Las parejas, en casi todas las etapas, tienen algún nivel de preocupación de que no están teniendo relaciones sexuales tanto como deberían. La verdad es que es completamente normal que el sexo se vuelva menos frecuente con el tiempo. Y es normal que la frecuencia de las relaciones sexuales fluctúe, dependiendo de lo que está sucediendo en la

Comunicación En Las Relaciones

vida de cada persona. Una vez que la fase de luna de miel ha terminado, una relación comienza a establecerse, ¡y eso está totalmente bien! Esto no significa que su pareja ya no le desee, y ciertamente no significa que los sentimientos se hayan perdido. Si todavía está preocupado, entonces programe un momento en el que usted y su pareja puedan dejar todo y concentrarse en intimar. ¡Pruebe algo nuevo que no haya hecho antes!

Capítulo Cuatro - El amor en todos los sentidos

La comunicación no es sólo acerca de lo que decimos en palabras. Considere las palabras:"Claro, sería estupendo". Puedes decir eso con amabilidad, pero también puedes decirlo con sarcasmo o vacilación. El significado de todo lo que decimos puede cambiar según el tono de nuestra voz, la expresión facial y el ritmo de nuestro habla. Todo lo que hacemos comunica un mensaje.

Ya sea que seamos conscientes de ello o no, nuestra pareja está recibiendo señales de la forma en que nos llevamos a nosotros mismos a su alrededor. Si hablas con ellos pero mantienes los ojos fijos en el teléfono, esto les dice que no estás realmente interesado en la conversación. Si tus palabras les piden que se abran, pero tu cuerpo está orientado hacia la televisión, esto hace que tus palabras parezcan poco sinceras. Si usted está tratando activamente de ser un mejor comunicador, debe asegurarse de que todo lo que está haciendo coincide con el mensaje que está tratando de enviar.

En este capítulo, nos enfocaremos en las muchas maneras en que podemos mostrarle amor a nuestra pareja. Aconsejo abrazar tantas expresiones de amor como sea posible. Y usted puede sorprenderse de lo que su pareja responde de manera más positiva.

Todo lo que necesitas saber sobre Love Languages

¿Se siente a veces como si usted y su pareja estuvieran hablando idiomas completamente diferentes? Puede que lo estés. Desde que el renombrado consejero matrimonial, el Dr. Gary Chapman, identificó los cinco idiomas principales del amor, cambió el juego para millones de relaciones. Desmitificó la dinámica de las relaciones, la comunicación y, en general, alimentó una mayor comprensión entre las parejas.

Cada persona da y recibe amor de una manera diferente. La manera en que lo hacemos determina las acciones que encontramos amorosas y las acciones que usamos para expresar nuestro amor por otra persona. La manera en que comunicamos naturalmente el amor se llama nuestro lenguaje del amor. Es común tener más de uno, pero rara vez tenemos más de dos idiomas dominantes en el amor.

Dos parejas que no saben que tienen diferentes lenguajes de amor pueden sentirse totalmente confundidas la una con la otra. Incluso pueden sentirse no amados y no apreciados, inseguros de por qué sus intentos de mostrar amor han pasado desapercibidos. Para crear un intercambio suave de amor y aprecio, es absolutamente vital que las parejas entiendan el lenguaje amoroso de su pareja.

Afirmación verbal

Uno de los lenguajes más comunes del amor es la afirmación verbal. Esto significa que usamos nuestras palabras para expresar amor y aprecio. Las personas con este lenguaje del amor se sienten más amadas cuando alguien verbaliza sus sentimientos, les hace cumplidos y les da mucho ánimo verbal. Aquí hay algunos ejemplos de afirmación verbal:

- Si su pareja está lista y tratando de lucir bien, diga: "Vaya, te ves fantástica. Eres irresistible con este vestido".
- Si es una noche acogedora y su pareja elige una gran película para ver, diga: "Siempre sabes cuál es la película correcta para elegir. Tienes un gran gusto."
- Si su pareja hace algo considerado, diga: "Esto es tan maravilloso de tu parte. Gracias. Realmente aprecio que te hayas tomado todo este trabajo por mí."

Si este es el lenguaje del amor de su pareja, preste atención a lo que dicen con palabras. No hagas caso omiso de las cosas amables y amables que dicen, ya que así es como expresan su amor por ti. Responda a estos comentarios amorosos con apreciación verbal.

Tiempo de calidad

Otra forma en que comunicamos el amor es dándole a nuestros seres queridos toda nuestra atención. Aquellos con este lenguaje primario del amor necesitan sentir un sentido de unión e intimidad. Se sienten más queridos cuando sus parejas se toman un tiempo especialmente para ellos y les dan su enfoque completo. No se trata sólo de sentarse juntos y ver un programa de Netflix, se trata de crear lazos afectivos. La vulnerabilidad es una gran ventaja para las personas con este lenguaje del amor. Sus acciones deben enviar el mensaje: "Esta vez es sólo para ti y para mí. Ahora mismo, no quiero nada más que sentirme cerca de ti."

Para comunicar amor a través de tiempo de calidad, todo lo que necesitas hacer es programar un bloque de tiempo donde puedas dedicar toda tu atención a tu pareja, y nada o nadie más. Esto podría ser un día en el parque de diversiones, una noche de citas especiales o una escapada a un lugar romántico. Incluso podría ser tan simple como quedarse y compartir sus días con los demás sobre su vino favorito. Hagas lo que hagas, presta atención y escucha atentamente.

Tacto Físico

Si eres una persona muy afectuosa físicamente, es posible que prefieras dar y recibir amor a través del contacto físico. Mucho se puede expresar en la forma en que tocamos a alguien. Y como humanos, estamos conectados para responder positivamente a ella. Si el lenguaje amoroso de su pareja es el tacto físico, acostúmbrese a hacer contacto físico amoroso. Para que su pareja se sienta amada, asegúrese de tomarse de las manos, abrazarse, besarse, abrazarse y acariciarse con el hocico. Las personas con este lenguaje amoroso también pueden disfrutar más de las relaciones sexuales que otras personas, pero no siempre es así.

La mejor parte de este lenguaje del amor es que el contacto físico es tan fácil. No se necesita mucha creatividad o pensamiento para comunicarse a través del tacto. Cuando estés de paso por la habitación en la que se encuentran, dales un beso en la mejilla o frótales el brazo suavemente. Cuando los saludes o te despidas, dales un cálido abrazo.

Actos de Servicio

Si las acciones significan todo para ti, es posible que recibas y des amor a través de actos de servicio. Cuando este es su lenguaje del amor, usted se siente más amado cuando su pareja hace algo que usted quiere que ellos hagan. No se trata en absoluto de ser esclavo de todos los caprichos de tu pareja, se trata de ser considerado y hacer algo que no te pidieron que hicieras. Si este es el lenguaje del amor de tu pareja, deberías tomarte un tiempo para pensar realmente en lo que más aprecian. Haga que algún aspecto de su día sea más fácil para ellos. Por ejemplo, usted podría cocinarle a su pareja una comida que ellos disfruten o arreglar una de sus pertenencias rotas. Incluso podría ser tan simple como enchufar su teléfono si ves que la batería está baja. Realice acciones que cuiden activamente de su pareja.

Donación de regalos

Si tu lenguaje amoroso es regalar, esto no significa que seas una persona materialista. Un regalo es sólo una prueba física de que has estado pensando en alguien. No tiene por qué ser elegante o costoso. De hecho, no necesita costar nada en absoluto. Se trata de poner tus pensamientos e intenciones amorosas en asegurar un objeto físico. No se trata del regalo en sí, sino del pensamiento que hay detrás de él. Acostúmbrate a dar regalos si este es el lenguaje del amor de tu pareja. Si les encanta el chocolate, consiga una caja o una barra de camino a casa desde el trabajo. Si sus flores favoritas están en flor, recoja sólo uno o un ramo entero. Y asegúrese de tratar las fiestas de regalos con seriedad!

Cómo utilizar la comunicación no verbal en su beneficio

Como establecimos anteriormente en el capítulo, su pareja está prestando atención a todo lo que usted está diciendo, incluso a las cosas que usted no está diciendo con palabras. Para obtener el mejor resultado de una conversación, o para calmarlos cuando se sientan tiernos, siga estas técnicas no verbales simples pero efectivas:

- **Toque a su pareja de una manera que le brinde apoyo**

No subestimes el poder del tacto. Poner un brazo alrededor de su pareja o tomarle la mano mientras hablan puede hacer que se sientan mucho más cómodos. Una táctica común que usan las parejas cuando tratan de llegar a un acuerdo es abrazarse o abrazarse de alguna manera, mientras hablan. El afecto y el tacto pueden hacer que las personas sean mucho más propensas a cooperar entre sí. Tenga en cuenta, sin embargo, que no debe tocar a su pareja si está muy enojada con usted - esto puede parecer inapropiado y empeorar la situación.

- **Mantenga su expresión facial neutra o simpática**

Cuando esté escuchando a su pareja hablar, asegúrese de que su expresión facial no la disuada de hablar. Si está de buen humor, manténgalo comprensivo, y si no está de buen humor, manténgalo neutral. Incluso si estamos molestos con nuestras parejas, es importante que sientan que pueden hablar sin ser juzgados. Puede que no estemos diciendo palabras duras, pero nuestras expresiones faciales aún pueden comunicar un mensaje perturbador.

Considere este escenario como un ejemplo: usted está sentado con su pareja, explicándole cómo se siente muy ignorado cuando están constantemente en el teléfono durante sus noches de citas. ¿Cómo te sentirías si tu pareja empezara a mirarte con las cejas levantadas? ¿Y si empiezan a fruncir el ceño? ¿Y si pareciera que estaban a punto de reírse? Lo más probable es que no quieras seguir compartiendo. Y hay incluso una alta probabilidad de que empieces a dudar de compartir en el futuro. ¿Ves? Incluso cuando no estamos hablando, estamos enviando un mensaje. Suavice sus características para una mejor respuesta.

- **Gire su cuerpo hacia su pareja**

Cuando esté hablando con su pareja, especialmente sobre algo serio, no los" mire simplemente de reojo. Asegúrese de que todo su cuerpo esté inclinado hacia ellos. Cuando nuestros cuerpos se alejan de la persona con la que estamos hablando, enviamos el mensaje de que no estamos realmente interesados en la conversación en cuestión. Demostramos que no estamos realmente invertidos. Si su pareja está molesta o usted siente que necesita un poco de TLC, use su cuerpo para enfrentarlos directamente.

- **Ajuste el tono y el sonido de su voz**

No siempre se trata de lo que dices, sino también de cómo lo dices. Considere, en el momento, lo que su pareja más necesita de usted. ¿Necesitan simplemente escuchar y sentir empatía? Si es así, hable con una voz más suave, más suave. ¿Necesitan tranquilidad? Si es así, hable con una voz firme y segura para que se sientan seguros. Para calmar a tu pareja, habla despacio, ya que una voz rápida puede parecer desdeñosa.

Maneras menos conocidas pero poderosas de mostrarle amor a su pareja

Mostrar nuestro otro amor significativo en una o dos formas no es suficiente. ¿Por qué detenerse ahí? Siempre que tenga la oportunidad, aproveche la oportunidad para bañarlos en calidez y positividad. Esto no se limita a los métodos que he enumerado hasta ahora. Las maneras en que podemos participar en un comportamiento amoroso son infinitas.

1. **Declare públicamente lo orgulloso que está de ellos**

No importa a quién se lo digas; cuando llegue el momento adecuado, ¿por qué no compartes con orgullo uno de los logros de tu pareja? No tiene que ser un gran logro, puede ser cualquier cosa en la que hayan trabajado duro. Reconozca los esfuerzos de su pareja y comparta sus logros con un tercero. A todo el mundo se le enseña a ser humilde y a no presumir nunca de sus éxitos, pero a veces, en secreto, queremos que la gente sepa que hemos tenido éxito en algo. Sea el primero en compartir algo increíble que su pareja hizo. Los hará sentir muy queridos, apoyados y probablemente se sentirán animados a seguir progresando. Esta táctica puede hacer que se ruboricen al principio, pero una vez que la timidez desaparezca, se sentirán muy conmovidos.

2. **Defiende a tu pareja**

Si algo injusto le sucede a su pareja, no tenga miedo de hablar. Esto no significa que debas empezar una pelea o decir algo desagradable, simplemente significa que debes vocalizar tu apoyo durante una situación difícil. Use su sentido común para determinar la manera correcta de hacer esto. Si estás en una conversación con mucha gente y alguien menosprecia a tu pareja, contrarresta la situación actuando como su animadora.

Considere este ejemplo: Adam y Vanessa han salido con un grupo de amigos. Alguien empieza a burlarse de Vanessa porque mencionó que estaba escribiendo una novela. La persona grosera comenta que todos los demás están trabajando en un trabajo corporativo bien pagado mientras Vanessa está en casa escribiendo historias. Adam no necesita empezar una pelea para defenderla. Todo lo que dice es: "Escribir una novela requiere mucha paciencia y determinación. Vanessa ha estado trabajando muy duro y creo que es maravilloso que esté persiguiendo su pasión en lugar de obsesionarse con el dinero". No se requiere negatividad!

3. **Hacer un esfuerzo para crear un vínculo con las personas cercanas a ellos**

Es cierto lo que dicen; cuando empiezas a salir con alguien, también sales con sus amigos y familiares cercanos. Te guste o no, esta gente está aquí para quedarse. Y si usted no hace el esfuerzo de dejar una impresión positiva, sus opiniones podrían tener una influencia en el curso de su relación. Cuando usted llega a conocer las conexiones cercanas de su pareja, usted envía el mensaje de que realmente quiere ser parte de la vida de su ser querido. Demostras que eres serio, y muestras amor genuino. Por qué? Porque estás en una búsqueda totalmente desinteresada. Después de todo, los amigos y familiares de su pareja no satisfacen ninguna de sus necesidades y deseos. No cedas a la idea de que no son importantes porque no son tu pareja. La forma en que los tratas dice mucho sobre cómo ves tu relación.

4. Pregúntele a su pareja qué es lo que disfrutan en el dormitorio

Hay una idea malsana de que todos deberíamos *saber* lo que quieren nuestras parejas, sin preguntarles. Mucha gente tiene la impresión equivocada de que si no podemos resolverlo nosotros mismos, no somos buenos en la cama. Es una idea ridícula. No somos lectores de mentes y cada persona tiene diferentes preferencias. Muchas personas no son comunicativas sobre lo que les gusta porque no quieren parecer exigentes, así que ¿por qué no preguntar? ¿Cómo podemos hacerlo bien si nunca lo sabemos?

Incluso si usted ya sabe lo que le gusta a su pareja, no hay nada malo en hacer el check-in. Pregúnteles si hay algo que haya hecho recientemente que les haya gustado, y pregúnteles si hay algo que usted pueda hacer mejor. Aprender a comunicarnos abiertamente sobre el sexo es una de las mejores cosas que podemos hacer en nuestras relaciones. También muestra a nuestra pareja lo dedicados que estamos a hacerlos felices y a satisfacer sus necesidades. Incluso si no siempre lo hacemos bien, puede marcar la diferencia al saber que lo estamos intentando.

5. Obtenga más información sobre un tema que les interese

Si tu pareja es una gran fanática de la ciencia ficción, trata de ver su programa o película favorita. Si le encanta hablar de política pero no lo entiendes, pídele que te explique.. ¡Abre y expande tus horizontes! Demuéstrele a su pareja que usted está realmente interesado en lo que les importa. Nunca se sabe, incluso puede que descubras que también te interesa. Siempre debemos tratar de crear oportunidades para crear lazos de unión con nuestra pareja. Al involucrarnos con lo que les interesa, creamos momentos más íntimos. Esta es una manera segura de fortalecer su conexión.

6. Cuídalos cuando estén enfermos.

Es bastante común que las mujeres asuman un papel de crianza cuando sus parejas están enfermas, pero desafortunadamente es menos común ver que sucede.. Una de las cosas más amorosas que podemos hacer por nuestras parejas es cuidarlas cuando están más débiles. Esto incluye todo tipo de dolencias físicas y mentales, incluyendo enfermedad, depresión o incluso dolor. Esto no significa que tengamos que esperarles de pies y manos; sólo significa ofrecerles algo de fuerza cuando más la necesitan. Este gesto de amor le dice a nuestra pareja que nos preocupamos por ellos, incluso cuando están demasiado débiles para ofrecernos algo a cambio.

7. Tómese su tiempo para revivir su historia de amor

Cada pareja tiene una historia de amor única. Abarca todas las cosas maravillosas y emocionantes de un nuevo romance: cómo se conocieron, qué fue lo primero que pensaron el uno del otro, cuándo supieron que querían estar con ellos, y mucho más. Una gran manera de continuar reavivando el amor y la pasión es reviviendo activamente tu historia de amor con tu pareja. ¿Por qué no volver a visitar el lugar donde tuviste tu primera cita? ¿O el lugar donde tuviste tu primer beso? ¿O qué tal si nos contamos los diferentes lados de la historia? ¿Cuándo supieron que era amor? Cuando una pareja hace esto, están dando un paso atrás para recordar por qué están juntos. Se desconectan de sus problemas actuales y se esfuerzan por no perder de vista la magia. Todos tenemos una historia de amor; tómese el tiempo para recordar la suya.

8. Hacer planes para el futuro

De acuerdo, cálmate, esto no significa que tengas que empezar a planear tu boda o a nombrar a tus futuros hijos. Sólo significa que necesitas pintar un futuro con tu pareja en él. No se trata de comprometerse para siempre, se trata de llegar a metas compartidas y crear sueños compartidos. Identificar algo que ambos puedan lograr juntos. Esto crea un ambiente más esperanzador y de colaboración en la relación. De este modo, demostramos a nuestra pareja que ellos también son parte del sueño y parte de la meta. Es el tipo positivo de profecía autocumplida, donde subconscientemente hacemos lo mejor que podemos para prosperar junto a nuestra pareja porque tenemos una meta que alcanzar.

Capítulo Cinco - Descodificación de su pareja

Un mensaje corto del Autor:

¡Hey! Siento interrumpir. Sólo quería saber si estás disfrutando del audiolibro Relación Comunicación Errores que comete cada pareja y cómo corregirlos

Descubra cómo resolver cualquier conflicto con su pareja y crear una intimidad más profunda en su relación Me encantaría escuchar tus pensamientos!

Muchos lectores y oyentes no saben lo difíciles que son las críticas y lo mucho que ayudan a un autor.

Así que estaría increíblemente agradecido si pudieras tomarte sólo 60 segundos para dejar una revisión rápida de Audible, ¡incluso si es sólo una o dos frases!

Y no te preocupes, no interrumpirá este audiolibro.

Para ello, sólo tienes que hacer clic en los 3 puntos de la esquina superior derecha de la pantalla dentro de la aplicación Audible y pulsar el botón "Rate and Review".

Esto le llevará a la página de "evaluación y revisión" donde podrá introducir su clasificación por estrellas y luego escribir una o dos frases sobre el audiolibro.

Es así de simple!

Espero con interés leer su reseña. Déjeme un pequeño mensaje ya que yo personalmente leo cada crítica!

Ahora te guiaré a través del proceso mientras lo haces.

Sólo tienes que desbloquear el teléfono, hacer clic en los 3 puntos de la esquina superior derecha de la pantalla y pulsar el botón "Rate and Review".

Introduzca su clasificación por estrellas y listo! Eso es todo lo que necesitas hacer.

Te daré otros 10 segundos para que termines de compartir tus pensamientos.

----- Esperar 10 segundos -----

Muchas gracias por tomarse el tiempo para dejar una breve reseña de Audible.

Estoy muy agradecido ya que su revisión realmente marca una diferencia para mí.

Ahora volvamos a la programación programada.

Comunicación En Las Relaciones

En los primeros días de un romance, conocer a la persona que te atrae locamente es una búsqueda emocionante. Todo en ellos es fascinante y casi fascinante. Cada nueva rareza que descubres es adorable, incluso las objetivamente molestas. Sus cualidades únicas te atraen y estás convencido de que no hay nadie como ellos en el mundo. Tus sentimientos están ardiendo de la mejor manera posible. No puedes esperar a desenmarañar completamente a tu pareja y conocerla profundamente de todas las maneras posibles.

Una vez que las cosas se ponen serias, es probable que su actitud cambie. Esto no es algo malo. De hecho, es extremadamente normal, como he demostrado en el primer capítulo. Aunque todavía amas a tu pareja y sus peculiaridades únicas, también has descubierto las otras dimensiones de su personalidad, los lados que no eran aparentes en los primeros días. Toda persona tiene un lado oscuro. Todos tenemos conflictos internos, nuestras propias necesidades particulares, e incluso cuando todos nuestros secretos están al descubierto, hay días malos en los que de repente tocamos con una melodía completamente diferente. Como dije, esto es completamente normal. Esta es la naturaleza humana. Esto sucederá en cada relación que usted encuentre y para ser un buen compañero, usted necesita aprender a rodar con él.

Su pareja puede sentirse a veces como un misterio, pero él o ella es mucho más simple de lo que usted piensa. Todo se reduce a las necesidades básicas que todos compartimos, y algunas necesidades únicas que son enteramente suyas. Con el tiempo aprenderás sobre ellos y gradualmente perfeccionarás cómo cuidarlos. El proceso de decodificación de su pareja requiere conciencia, comprensión y amabilidad, pero es una de las mejores cosas que usted puede hacer por su relación. De eso se trata el amor.

Comunicación En Las Relaciones

Comprender las necesidades particulares de su pareja

Con cada uno de tus parejas, vas a tener que tomar la temperatura de sus diversas necesidades. El problema es que'necesidades' es un término tan vago, y puede que no estés seguro por dónde empezar. Si desea hacer feliz a su pareja, considere estos diferentes tipos de necesidades y asegúrese de entender las preferencias de su pareja. Esto puede requerir una observación intencional, pero también debe sentirse libre de discutir abiertamente estos temas con su pareja. De esta manera, no hay ninguna confusión.

- **Su deseo sexual y sus necesidades sexuales**

Es cierto que nuestros impulsos sexuales pueden fluctuar, pero algunas personas tienen un deseo sexual mucho mayor que otras, en todo momento. Y también hay otras personas que no lo desean tanto. Evalúe las necesidades de su pareja o pregúntele directamente a su pareja qué tan alto calificaría su deseo sexual. Usted puede encontrar que tienen un deseo sexual similar al suyo, pero también puede encontrar que tiene necesidades diferentes. Esto significa que más adelante tendrá que encontrar un compromiso para que ninguna de las partes se sienta insatisfecha. También tendrá que descubrir lo que disfrutan específicamente en el dormitorio. Tenga en cuenta que cada persona es diferente e incluso puede ser beneficioso preguntarle directamente a su pareja qué es lo que le gusta.

- **La forma en que se estresan y se relajan**

Ciertamente hay hilos en común, pero en su mayor parte, todos tenemos diferentes maneras de desestresar y desenrollar. Para algunas personas, esto puede significar paz y tranquilidad totales, comer alimentos saludables y dar un paseo por el parque. En el extremo opuesto, a algunas personas les gusta ver la televisión a todo volumen, jugar a videojuegos y no quieren más que comerse una pizza grasienta. Incluso encontrarás que a algunas personas les gusta ser sociables cuando se relajan, y a otras les gusta estar completamente solas. Siempre es mejor averiguar cuáles son las necesidades de su pareja después de un largo día. Una vez que lo sepa, puede ayudar a crear el ambiente adecuado para ellos cuando sepa que son los que más lo necesitan. También es perfectamente normal que las personas tengan algunas formas en las que les gusta el estrés, pero es probable que note un patrón. Si usted y su pareja tienen maneras conflictivas de desanimarse, asegúrese de encontrar una manera de llegar a un acuerdo.

- **Su idea de aventura**

La aventura no siempre significa paracaidismo o montañas rusas; nuestra necesidad de aventura surge cuando tenemos energía y estamos de humor para hacer algo divertido. Tal vez incluso algo diferente de nuestra rutina habitual. Estamos listos para gastar energía, en lugar de tratar de preservarla. Una idea común de la aventura en los días modernos es salir por una noche a la ciudad, bailar y tomar unos deliciosos cócteles. Pero algunas personas, incluso en sus mejores días, no quieren hacer esto en absoluto. A algunas personas les gusta estar adentro y participar en actividades privadas. Tal vez, quieren cocinar u hornear, o hacer un video de ejercicios caseros. Cuando se trata de aventura, es mucho más probable que tengamos muchas ideas de diversión. En este caso, es mejor anotar cuál es la cosa favorita de su pareja, y descartar lo que definitivamente *no* consideran divertido. Es importante que cualquier cosa que les guste hacer, usted aprenda a disfrutarlo también o simplemente acepte que ellos disfrutan haciéndolo.

- **Sus necesidades de estimulación mental e intelectual**

En pocas palabras, lo que encontramos mental e intelectualmente estimulante es lo que encontramos interesante. Abarca todos los temas por los que disfrutamos sintiéndonos desafiados y explorando. Esta es una de las necesidades más fáciles de descubrir, ya que la gente es más franca acerca de lo que mentalmente los estimula. Sólo tienes que prestar atención.

Algunas personas eligen no clasificar esto como una necesidad, pero yo no estoy de acuerdo. Cuando nos privan de lo que nos interesa, nuestra personalidad se marchita y nos sentimos deslucidos, quizás hasta deprimidos. Aquellos que dejan de dedicarse a temas que les gustan pueden incluso quejarse de sentirse menos como ellos mismos. Es importante, una vez que identificamos estas necesidades de estimulación en nuestra pareja, que siempre escuchemos y participemos activamente tanto como podamos. ¿Cuáles son los temas que le dan alegría a su pareja? ¿Cuándo ves que sus ojos cobran vida? Sean cuales sean estos temas, siempre debemos permitir que nuestras parejas nos incluyan en la conversación más amplia. Así es como podemos ayudar a satisfacer sus necesidades de expansión personal.

El apoyo emocional que necesita

Inevitablemente, llegará el momento en que su pareja necesite apoyo emocional. Aunque sus necesidades variarán con cada circunstancia, notará que hay patrones en lo que ellos encuentran reconfortante en momentos de dificultades emocionales. Para algunas personas, es importante llorar, en cuyo caso debe asegurarse de ser un hombro comprensivo sobre el que llorar. Algunas personas se vuelven más hambrientas y tienen más antojos durante los momentos de estrés emocional, en cuyo caso, usted debe tratar de darles cualquier alimento que encuentren nutritivo. Incluso hay personas que necesitan estar completamente solas para sentirse apoyadas. Es posible que sólo quieran escapar a la naturaleza por sí mismos y necesitarán que usted lo entienda. Siempre que su pareja esté pasando por un momento de dolor, trate de aprender qué es lo que alivia el dolor. Durante estos períodos, también puede ser una buena idea recurrir a los cinco idiomas del amor.

- **Sus necesidades espirituales o religiosas**

Si su pareja no se adhiere a ninguna práctica espiritual o religiosa específica, entonces no hay necesidad de preocuparse por esta sección. Sin embargo, la mayoría de las veces nos encontramos con personas que tienen una pizca de espiritualidad en sus vidas. La espiritualidad y la religión es un asunto muy personal, y es muy importante que respetemos las elecciones y creencias de nuestra pareja. Aunque nos parezca una tontería, trae paz a nuestra pareja y eso es lo único que importa. Sepa cuáles son las prácticas espirituales de su pareja, cuándo deben hacerlo y si hay otros requisitos que deben cumplir, como las restricciones dietéticas. Nunca debemos discutir con sus necesidades espirituales y nunca debemos burlarnos de ellos.

- **Sus inseguridades y necesidades de tranquilidad**

Nunca vas a encontrar una pareja sin inseguridades. Así son las cosas. Todos somos humanos y todos tenemos miedos formados por nuestros antecedentes o personalidades. Es absolutamente vital que usted entienda cuáles son las inseguridades de su pareja. Y lo más importante, usted debe saber cómo evitar que esas inseguridades salgan a la superficie, y lo que necesitan de usted cuando surjan. Por ejemplo, digamos que su pareja se siente insegura con respecto a su peso. Esta inseguridad puede desencadenarse cuando se encuentran con alguien muy delgado y atractivo. Estas situaciones son inevitables, por lo que es mejor elaborar un plan de acción para cuando ocurra. Tal vez, más adelante, deberías tratar de decirle a tu pareja lo sexy que son, y enfocar toda tu energía en hacerlos sentir atractivos. O tal vez, su pareja preferiría simplemente olvidarlo y hacer algo que le quite la mente de su cuerpo por completo. Estas necesidades diferirán de persona a persona.

5 Cosas Absolutamente Esenciales que Hacer Cuando Su Pareja Ha Experimentado un Trauma

Cuando finalmente conoces a la persona con la que quieres estar, lo más probable es que hayan visto mucho antes de que aparecieras tú. A veces incluso, un poco demasiado. Si su pareja ha sido tocada por un trauma en sus encuentros románticos o sexuales, usted tendrá que ser más amable con ellos. Esto no es negociable. Si no ajustamos nuestro comportamiento, nunca haremos felices a nuestras parejas, y es posible que terminemos causando más daño.

Hay muchos tipos de trauma que pueden dejar una cicatriz dolorosa y emocional, desde el engaño hasta el abuso emocional, y en algunos casos, más tipos de abuso físico. Las tácticas de comunicación siempre deben suavizarse durante escenarios específicos para asegurar que no los desencadene o haga que se retiren. Siempre tenga en mente los siguientes consejos si su pareja ha sufrido un trauma:

1. **Aprender sobre el trauma de una manera no intrusiva**

Antes de saber qué hacer, debemos saber a qué nos

enfrentamos. El primer paso es tratar de aprender sobre el incidente traumático. Dependiendo de la gravedad del trauma, puede no ser tan simple como preguntarle a nuestra pareja qué pasó. Si es demasiado doloroso contarlo o simplemente no están listos para decírnoslo, sólo hay dos cosas que podemos hacer: esperar a que se sientan listos, o preguntarle a alguien cercano. Una buena primera acción es decirle a tu pareja: "No tienes que decirme nada que no quieras, pero siempre estoy aquí si quieres compartir. Sólo quiero saber cómo puedo apoyarte de la mejor manera posible". Hágales saber que usted se preocupa por su pasado, que está dispuesto a escuchar, pero que usted no los presionará para que hagan algo que no quieran hacer. Es importante que nunca los fuerces o los hagas sentir culpables en esta situación.

2. Considere los tipos de comportamiento que pueden desencadenar sus recuerdos traumáticos

Esta etapa requiere tu pensamiento profundo. Piense en las cualidades y el comportamiento que los hirió durante este incidente traumático. A veces es sencillo, como la violencia física, pero no todo el tiempo. Si su pareja fue engañada, puede sentirse desencadenada por algo tan leve como que usted hable con miembros del sexo opuesto. Pueden ponerse ansiosos las noches que sales a beber con tus amigos. Si hay momentos en los que usted deja de comunicarse, esto podría ser especialmente difícil para ellos, ya que podrían sospechar que usted está guardando un secreto. Identificar el comportamiento involucrado en el incidente traumático, pero también lo que puede haber conducido a él.

3. Decidir sobre formas alternativas o modificadas de comportamiento

No siempre es realista eliminar cada uno de los comportamientos que podrían desencadenar a nuestra pareja. Aunque es fácil (y absolutamente necesario) no abusar de alguien, no es fácil ni realista dejar de hablar con miembros del sexo opuesto. Entonces, ¿qué podemos hacer en su lugar? Es simple: debemos modificar la forma en que nos involucramos en este comportamiento. Por ejemplo, si estás enviando mensajes de texto a un miembro del sexo opuesto, podrías considerar dejar que tu pareja vea los mensajes para que pueda aliviar sus preocupaciones. Si se ponen ansiosos cuando sales a beber con tus amigos, considera la posibilidad de hacer un check-in por teléfono cada dos horas. O envíales una foto tuya en tu ubicación actual. Sea creativo sobre cómo puede modificar su comportamiento sin eliminar las acciones completamente normales. Y siempre debes sentirte libre de preguntarle a tu pareja, "¿Qué puedo hacer para que te sientas mejor en esta situación?"

4. Comprender lo que necesitan si se desencadenan

Esperemos que esto nunca suceda, pero si el trauma de su pareja está relacionado con eventos comunes, puede ser inevitable. Cuando esto sucede, usted debe estar completamente calmado y gentil con su pareja. Si usted está enojado con ellos por alguna razón, debe poner esto en espera hasta que dejen de sentirse abrumados. De lo contrario, esto no hará más que agravar la situación.

La forma en que se manifiesta esta situación variará con cada persona, pero la respuesta más común es llorar o ponerse en modo de defensa personal, como si el trauma se repitiera y tuvieran que protegerse a sí mismos. Lo mejor que se puede hacer es ofrecer tranquilidad y adoptar un tono de voz calmante. Si su pareja fue víctima de la violencia, juegue con cuidado y no la toque hasta que esté lista. Entienda que a veces nuestras parejas pueden no tener signos obvios de ser desencadenados. En lugar de eso, es posible que se queden callados y deprimidos. Es importante estar atento a las respuestas menos notorias si sabe que han sido expuestas a un posible desencadenante.

Lo que cada persona necesita depende en gran medida de la persona y del trauma que haya experimentado. Una buena regla empírica es quitar el gatillo lo antes posible y hacer lo contrario de lo que lo inició.

5. Sepa lo que puede hacer para ayudarlos a seguir adelante

Si el trauma es severo y muy rara vez aparece, entonces es mejor ignorar esta etapa por completo. Sin embargo, si el trauma interfiere con su relación o impide que su pareja avance en su vida, piense en maneras de ayudarlos a hacer las paces con lo que pasó. Esto podría significar buscar ayuda profesional o encontrar soluciones paso a paso entre ustedes. Es importante que estas soluciones no sean sólo su responsabilidad; estos pasos también deben desafiar a su pareja a crear patrones de respuesta más saludables.

Volvamos al ejemplo de la pareja celosa. No es realista esperar que alguien te llame cada dos horas cada vez que salen a beber. Idealmente, la pareja celosa debe dejar este comportamiento una vez que la relación comience a ser más duradera. Para comenzar esta transición positiva, podrían hacer llamadas menos frecuentes cada noche, o podrían decidir enviar mensajes de texto cada hora. La pareja celosa debe pensar en las medidas que puede tomar para evitar sentirse deprimida o deprimida durante estos incidentes. Tal vez, también podrían

Comunicación En Las Relaciones

salir con amigos o canalizar su energía en una sesión de ejercicio intenso. Cree un nuevo hábito positivo que sustituya a las respuestas poco saludables. De esta manera, todos ganan.

Capítulo seis - Todo es sobre ti

A menudo se nos dice que debemos encontrar un ser querido que nos ame tal como somos. Esto es cierto, hasta cierto punto. Todos debemos esperar que nuestras parejas nos amen y acepten por lo que nos gusta, lo que no nos gusta y por nuestros atributos positivos sin tratar de cambiarlos. Incluso deberían amarnos por nuestras rarezas, defectos e idiosincrasias. Deberían amar lo que nos hace diferentes. Pero nunca se debe esperar que ninguna pareja tolere un comportamiento negativo o destructivo que los afecte profundamente. Tu actitud arrogante, tus tendencias manipuladoras, tu pereza persistente; nada de esto es responsabilidad de tu pareja y si les hace daño, serías cruel si les pidieras que lo aceptaran. Pedir a nuestras parejas que se ocupen de lo que les molesta y les hace daño conducirá inevitablemente al desprecio. Y el desprecio es una de las pocas cosas de las que una relación no puede curarse.

La mayoría de las relaciones fracasan porque uno o ambos miembros de la pareja se niegan a hacer su propio trabajo. Te insisto que ahora a que no seas la pareja que no hace el auto-trabajo. No seas el que no hace el esfuerzo. Puede que te sientas indignado ahora, pero si la relación termina y sabes que no lo intentaste con todas tus fuerzas, te vas a quedar ahogado en el arrepentimiento. Trabajar en ti, antes de que sea demasiado tarde.

Y recuerda, esto no termina aquí. El comportamiento que lastima a su pareja ahora probablemente perjudicará a todas sus futuras parejas. Mientras quieras estar en una relación feliz y saludable, seguirás necesitando una autotransformación positiva.

Cómo convertirse instantáneamente en una mejor pareja

Si usted quiere hacer lo correcto por su pareja, implemente estos hábitos fáciles en su dinámica. Cree estas nuevas normas de comunicación y al instante comenzará a ver mejores resultados en su relación.

1. Solicite lo que necesite

Deja de esperar que tu pareja te lea la mente. Tienen su propia vida, con sus propias necesidades, y no puedes esperar que se queden sentados tratando de adivinar cómo te sientes. Pedir lo que necesitas no te hace necesitado, sino que te hace consciente de ti mismo y maduro emocionalmente. Demuestra que valoras tu relación porque te tomas en serio la creación de mejores condiciones. En lugar de esperar que su pareja salte por el aro, usted está siendo sincero sobre cómo ayudar. Esto hace que sea más fácil para ellos. Esto les da una oportunidad real de ajustar su comportamiento.

Cuando usted pide lo que necesita, es mucho más probable que *obtenga* lo que necesita. Para obtener el mejor resultado de su discusión, recuerde usar las frases "Yo siento".

2. Plantee un problema antes de que empeore

Hay muchas razones por las que evitamos sacar a relucir los problemas. A veces es porque nos sentimos incómodos con la confrontación, tememos la respuesta de la otra persona, o quizás, simplemente no queremos admitir que hay un problema. Lo que suele suceder es que el problema continúa y empeora. Cuando evitamos sacar a relucir nuestros problemas, nos arriesgamos a dos cosas.

- Explotando a nuestro compañero cuando ya no lo soportamos más. Cuando nos permitimos alcanzar nuestro punto de ruptura, es más probable que digamos algo duro que no queremos decir. Esto puede alterar a nuestra pareja e incluso puede causar un daño duradero a la relación.

- Desarrollando desprecio por nuestro compañero. Si no le damos a nuestra pareja la oportunidad de mejorarlo, no mejorará. Esto nos frustrará más y más, y eventualmente nos llevará al resentimiento. Usted puede encontrar su mente llena de preguntas como: "¿Cómo es que no se da cuenta? ¿Por qué no es más consciente de lo que esto me está haciendo?" Esto puede dar lugar a sentimientos de no sentir cariño y enojo hacia su pareja por haberle hecho pasar por esto. Noticia de última hora: *¡te* estás poniendo en esta situación si no le dices a tu pareja lo que está mal!

3. Preste atención a la sincronización

Siempre considere el momento oportuno de lo que hace y dígale a su pareja. Esto hace una gran diferencia en la respuesta que recibes de ellos. Si usted está tratando de tener una conversación seria con ellos, no lo haga cuando estén exhaustos del trabajo o si han tenido un mal día. Esto podría provocar una discusión, ya que no están en sus cabales. Siempre use el tiempo a su favor. Hable con su pareja a la mañana siguiente de haber dormido bien o en un día en el que parezcan sensatos.

Esta regla se extiende incluso más allá de las conversaciones y discusiones serias. Siempre que vaya a tomar una decisión que afecte tanto a usted como a su pareja, piense en dónde caerá esto dentro de su cronograma y horario. Si hay días del año que son particularmente difíciles para su pareja (por ejemplo, aniversarios de muertes), recuérdelos. Asegúrese de no planear grandes eventos sociales cuando ellos prefieran pasar desapercibidos.

4. Usar un lenguaje gentil y constructivo

Los errores ocurren. Y a veces nuestras paejas no siempre tienen las mejores ideas. Aún así, usted siempre debe hacer el esfuerzo de ser constructivo al proporcionarle a su pareja cualquier retroalimentación. Reconocer lo que hicieron bien, pero también señalar las oportunidades de crecimiento. Si usted siente la necesidad de criticar a su pareja, siempre replantee sus comentarios desde la perspectiva de cómo pueden mejorar. Si les haces sentir que todo lo que hacen está mal, no estás arreglando la situación y sólo los estás despojando de la posibilidad de cooperar contigo. Concéntrese siempre en las soluciones.

5. Siempre escucha, siempre

Este se repite mucho, pero es por una buena razón. La escucha activa en nuestra relación es extremadamente importante. De hecho, está directamente relacionado con la calidad general de la comunicación con nuestra pareja. Y en una pareja infeliz, es muy común que al menos uno de los miembros de la pareja se queje de que no se siente escuchado y que su pareja nunca lo escucha. Al escuchar, nos mantenemos presentes en la conversación. Estamos mostrando respeto a nuestra pareja. Y al escuchar activamente, también estamos disminuyendo la probabilidad de malentendidos. La próxima vez que su pareja hable, evite esperar su turno para responder y absorber realmente todo lo que está diciendo.

Comunicación En Las Relaciones

6. Mantenga sus expectativas amables y realistas

Todos nos movemos por la vida y progresamos a ritmos diferentes. Esto ya no es cierto para usted y su pareja. Una manera en que usted puede causar una decepción innecesaria para usted y un daño para su pareja es esperando demasiado de ellos. Si parece que siempre estás esperando que tu pareja marque las casillas de tu lista de verificación, da un paso atrás y vuelve a examinar el alcance de lo que estás pidiendo. Si usted se encuentra continuamente decepcionado, considere por qué antes de tomar cualquier otra acción. ¿Estás tratando de cambiar su personalidad? ¿Estás pidiendo un ajuste demasiado grande y demasiado rápido? ¿Son sus demandas insensibles a las circunstancias actuales de su vida? Todas estas son preguntas necesarias que debe hacerse a sí mismo.

Algunos ejemplos concretos de expectativas injustas:

- Esperar que su pareja esté al frente de todas las tareas cuando alguien cercano a ella acaba de fallecer.
- Querer que tu pareja se vuelva atlética porque te atrae más la gente atlética.
- Esperar que su pareja cocine una comida maravillosa y mantenga la casa impecable después de un día estresante en el trabajo.
- Exigir que tu pareja se convierta inmediatamente en un gran jugador en ese movimiento que te gusta en la cama, cuando ya están haciendo su mejor esfuerzo.
- Esperar que su pareja tenga las mismas cualidades positivas que su pareja anterior.

Tenga en cuenta que estas expectativas no se aplican a asuntos de compasión, respeto, seguridad, consideración y amabilidad. Estas no cuentan como altas expectativas, esto es decencia humana básica. No importa por lo que esté pasando su pareja, siempre deben cumplir con estas expectativas básicas.

7. Deja de mencionar el pasado.

Para aclarar, no es sacar a relucir el pasado en sí mismo lo que es perjudicial, es cuando sacamos a relucir el pasado para iniciar una discusión. Si ya has hablado de ello y tu pareja se ha disculpado, no debemos seguir acusándola de sus errores. Si hacemos esto, estamos demostrando que no los hemos perdonado realmente. Mientras sigamos guardando rencor, estamos creando negatividad en la relación. O bien deberías dejar atrás este error y perdonar a tu pareja, o si no puedes perdonarlos, haz lo que sea necesario y termina la relación. Continuar tirando los errores del pasado a la cara de nuestra pareja es un acto cruel, ya que los atrapa en el error. No sólo esto, sino que aumenta la probabilidad de que entremos en conversaciones tortuosas que nunca se resuelven. Dado que estamos tan apegados al problema, nunca podremos avanzar hacia soluciones. Deja de usar el pasado como un arma y trata de seguir adelante, si decides quedarte.

8. Expresar gratitud más a menudo

La ciencia ha demostrado que cuando nos acercamos a la vida con gratitud, nos sentimos instantáneamente más felices. Expresar gratitud en nuestras relaciones no sólo conduce a nuestros propios sentimientos de felicidad, sino que también puede ser transformador y poderoso para nuestras parejas. Al mostrarles nuestra gratitud, les recordamos su enorme valor y destacamos lo que están haciendo bien.

Estar en el lado receptor de la gratitud puede ser increíblemente fortalecedor. Si su pareja está pasando por un momento difícil, se encenderá más la motivación y el progreso, en última instancia, la creación de más satisfacción en el largo plazo. Pero lo más importante es que les muestra que sus esfuerzos no pasan desapercibidos y que usted reconoce todo lo que hacen. Esto los hará sentir más positivos y valorados al instante. La gratitud es, en general, una gran victoria para todos. Exprésalo más a menudo! Te alegrarás de haberlo hecho. Es tan simple como decirle a tu pareja "Te quiero y te aprecio" o resaltar una acción específica que hicieron o hacen y explicar con más detalle por qué estás tan agradecido por ello.

Entendiendo su estilo de apego a la relación

Nuestras formas de apego se forman en la primera infancia y juegan un papel importante en nuestras relaciones. Según los psicoanalistas, el estilo de apego que formamos se reduce a la dinámica que tuvimos con nuestros cuidadores durante la infancia. Este estilo determina nuestros patrones de comportamiento, los tipos de relaciones que es más probable que escojamos y, esencialmente, la forma en que satisfacemos nuestras necesidades.

Ningún estilo de apego es"malo" per se, pero algunos son menos propicios para las relaciones armoniosas y más propensos a exhibir un comportamiento poco saludable. En cualquier caso, siempre es importante que seamos conscientes de nuestro estilo de apego (y el de nuestra pareja también) para que podamos tener una mejor comprensión de nuestros patrones de comportamiento y respuestas.

- **El estilo de los aditamentos ansiosos y preocupados**

Aquellos con este estilo tienden a anhelar el apego emocional y pueden tener una historia de relaciones tumultuosas. Tienden a no gustar de estar solos y son propensos a fantasear con su pareja de ensueño. Desafortunadamente, este estilo de apego encuentra muchos factores estresantes en una relación. Muchos de ellos son autoinfligidos. Durante los momentos de angustia emocional, pueden volverse celosos, posesivos o necesitados. Requieren mucho amor y validación, y pueden reaccionar negativamente si no reciben seguridad o refuerzo positivo.

Se puede decir que estos tipos viven mucho en sus cabezas. A menudo son sus peores enemigos, muy preocupados de que los traicionen. Los que tienen este estilo de apego constituyen alrededor del 20% de la población.

- **El Estilo del Apego Evitador de Despedida**

Muy al contrario del tipo Ansioso, el Evitador-Despedazador es altamente autosuficiente. Este tipo muestra una gran independencia y requiere mucha libertad en sus relaciones. Aunque secretamente deseen una conexión profunda, parecerán cerrados y raramente se involucrarán profundamente en las relaciones. Muchas personas que salen con estos tipos terminan quejándose de que parecen emocionalmente no disponibles y a veces, incluso, indiferentes. Se necesita más trabajo para que muestren vulnerabilidad, y algunos incluso pueden tener fobia al compromiso. Tienden a ver la intimidad como una pérdida de su libertad personal.

Los tipos evasivos están tan acostumbrados a cuidar de sus propias necesidades que pueden llegar a estar plagados de obsesiones como una forma de automedicarse. Esto puede ser abuso de sustancias, o algo menos dañino como el ejercicio o la comida. Aproximadamente el 23% de la población está compuesta por estos tipos.

- **El estilo de apego temeroso y evasivo**

Este tipo vive con muchos conflictos. Una combinación de los dos estilos anteriores, el Fearful-Avoidant exhibe un patrón de comportamiento push-pull. Anhelan profundamente una conexión cercana y, sin embargo, una parte de ellos quiere huir a un lugar seguro. Desafortunadamente, este tipo tiende a hacer ambas cosas. Durante sus peores momentos, pueden aferrarse a su pareja e incluso parecer bastante necesitados. Pero una vez que su pareja se acerca a ellos y los consuela, de repente pueden sentirse sofocados y atrapados. Al igual que los tipos ansiosos, las personalidades temerosas también son propensas a las relaciones turbulentas.

Estos tipos impredecibles no tienen una estrategia fija para satisfacer sus necesidades. Sus patrones de comportamiento son a menudo el resultado de un trauma por abandono o abuso. Este es el estilo de apego más raro, representando sólo el 1% de la población.

- **El Estilo de Fijación Segura**

Como su nombre lo indica, este estilo de apego es el más seguro de los cuatro, y es ampliamente considerado el más sano emocionalmente. Tienen niveles más altos de inteligencia emocional y les resulta más fácil regular sus emociones. Los límites saludables son fáciles de establecer y tienen una perspectiva generalmente positiva sobre las relaciones. Este tipo se siente seguro en una relación, y también lo hacen bien por su cuenta. En general, tienden a estar más satisfechos en las relaciones y les resulta mucho más fácil formar una conexión saludable.

El estilo Secure Attachment se forma cuando la infancia se vive como algo positivo. Los cuidadores fueron percibidos como seguros y protegidos, por lo que continúan proyectando esta experiencia en todas las relaciones futuras. Este es el tipo más común de todos, con un 57% de la población caracterizada como Segura.

La mayoría de la gente no cambia sus estilos de apego, pero es completamente posible hacerlo. Cualquier persona con uno de los estilos menos saludables puede desarrollar cualidades más seguras con un tremendo auto-trabajo. Para que esto suceda, sin embargo, el individuo debe buscar terapia y/o buscar la compañía de alguien con un estilo de apego seguro. Al cultivar la autoconciencia y la voluntad de desarrollar mejores hábitos, cualquiera puede salir de su comportamiento insalubre.

Consejos imprescindibles para iniciar una nueva relación cuando se tiene un historial de malas relaciones

¿Tienes uno de los primeros tres estilos de apego? Si es así, es probable que haya tenido algunas relaciones malas, tal vez hasta relaciones abusivas. Usted puede estar trabajando a través de algún comportamiento negativo o incluso abiertamente destructivo, pero tenga la seguridad de que es posible seguir adelante. Mucha gente lo ha hecho por su cuenta. Y con un compañero cariñoso a su lado, pueden trabajar en ello juntos.

El trauma que sufrimos puede moldear la forma en que nos comunicamos con nuestras parejas y los factores estresantes imaginarios que es más probable que experimentemos. Por esta razón, podemos expresar más miedo, enojo o angustia en situaciones que normalmente no molestarían a alguien. Esto no siempre es justo para nuestras parejas, especialmente porque ellas no son las que nos lastiman, y es importante que no nos volvamos abusivos o que no causemos dolor a nuestras nuevas parejas. Tenga en cuenta los siguientes consejos para mantener su salud emocional y mental, al mismo tiempo que es considerado con su pareja.

Comunicación En Las Relaciones

Tenga en cuenta que si su trauma es grave, estos consejos no tienen la intención de sustituir la ayuda de un profesional de salud mental.

1. Haga una lista del comportamiento que ya no tolerará

Para dar vuelta una nueva hoja con éxito, es esencial que identifiquemos lo que deseamos eliminar de nuestras vidas. Si usted ha tenido un historial de experimentar dolor, haga una lista del comportamiento de sus parejas anteriores que le causó dolor significativo. Esta lista es exactamente lo que no deberías tolerar en las relaciones de ahora en adelante. No hay manera de poner excusas para futuras parejas abusivas porque esta lista lo hace simple; o lo hicieron o no lo hicieron. Refiérase a él para recordarse de su contenido y siéntase libre de mostrárselo a sus nuevas parejas una vez que esté saliendo seriamente con ellos.

Tener esta lista también es útil porque durante los momentos de angustia emocional, nuestros sentimientos pueden nublar nuestro juicio. Puede salvarnos de dirigir una ira injustificada o de enfadarnos con compañeros que no hicieron nada malo. Por ejemplo, si usted está teniendo un mal día, puede sentirse más sospechoso o ansioso de lo normal. Si su pareja hace algo, usted puede reaccionar de manera exagerada. Mirando hacia atrás en su lista, verá que su pareja no mostró realmente el comportamiento que usted describió. Esto dejará claro que el sentimiento probablemente viene de adentro, porque usted está teniendo un mal día.

Para que esta lista sea verdaderamente exitosa, debemos escribir estrictamente el comportamiento y no las emociones. Añadir a tu lista que no tolerarás que nadie te cause dolor hace que las cosas sean difíciles; a veces podemos imponernos dolor a nosotros mismos y creer erróneamente que es culpa de nuestras parejas. Y siéntase libre de obtener una opinión externa sobre si el comportamiento anotado es suficiente y razonable.

2. Cuando esté listo, comparta lo que sucedió con su nueva pareja

Para que nuestras parejas nos apoyen de la mejor manera posible, necesitan saber a qué se enfrentan. Sin saber qué pasó y cómo nos afectó, no tendrán ni idea de cómo ayudar. Comparta con ellos lo que pasó, lo que necesita de ellos y lo que está haciendo para ayudarse a seguir adelante.

Si no está listo para decírselo todavía, espere hasta que usted esté listo, pero mientras tanto, no espere que ellos sólo *sepan* cómo ayudar. Si crees que no estarás listo para compartir con ellos en un futuro cercano, no dudes en pedirle a un amigo que se lo cuente a tu nueva pareja. Aunque esta no es la manera ideal de hacerles saber, es mejor que dejarlos en la oscuridad. En general, siempre es mejor que su nueva pareja tenga la mayor cantidad de información posible para que pueda ofrecerle el apoyo exacto que usted necesita.

3. Confíe en su sistema de apoyo siempre que sea necesario

Nuestros amigos y familiares más cercanos son nuestros mejores aliados. Si alguna vez no estás seguro, úsalos como tu caja de resonancia y pídeles una opinión externa. Nuestros sentimientos no siempre son dignos de confianza, ya que los traumas del pasado nos predisponen a sentirnos de cierta manera. Pídale a alguien en quien confíe que pueda darle una opinión neutral. No tomes todas las decisiones importantes por tu cuenta.

Además, también es esencial que la persona en la que usted confía para el consejo sea alguien cuya vida amorosa usted busca emular. No todas las opiniones son iguales. Si una persona en una relación sana te da un consejo, pero diez personas en malas relaciones dicen lo contrario, siempre debes escuchar a la persona que ha vivido el resultado que más deseas. Busca a las personas más neutrales posibles; si luchas con los celos, no pidas consejo a alguien que también luche con los celos.

4. Resistirse a hacer comparaciones con parejas anteriores anteriores

Cuando estamos en una nueva relación, es completamente natural que nuestros cerebros usen relaciones pasadas y parejas como puntos de referencia. Esto es lo que el cerebro hace para tratar de entender una nueva situación. Aunque el instinto es natural, tenga en cuenta que sus análisis no siempre son correctos. Cuando nos encontramos con un nuevo territorio, nuestras experiencias pasadas son un conjunto muy limitado de conocimientos para extrapolar.

Haga el esfuerzo de recordar que su pareja actual no es su pareja anterior. Su cerebro tratará de hacer comparaciones, pero resista cuando pueda. Si la actitud de su nueva pareja es diferente a la que usted experimentó anteriormente, recuérdese que no hay razón para esperar el mismo resultado. Si no hay pruebas reales, no hay razón para creer lo peor. Si tu anterior pareja te engañó con un amigo del sexo opuesto, recuerda que hay muchas personas que no lo hacen. No hay razón para enfadarse o disgustarse de inmediato. Su pareja actual no le hizo daño como su pareja anterior, así que no los castigue por algo que no hicieron.

Es especialmente importante que no hagamos comparaciones con las parejas anteriores. Si nuestra actual pareja no ha hecho nada malo, esto resultará muy insultante. Si siente el impulso de hacer esto en el calor del momento, resista a toda costa.

5. No espere que su pareja arregle todo por usted

Definitivamente debe esperar el apoyo de su pareja durante los momentos de curación. Sin embargo, hay una gran diferencia entre el apoyo y una muleta emocional o psicológica. El apoyo cruza la línea hacia el territorio de las"muletas" cuando dejas de hacer cosas por ti mismo. En lugar de hacer el trabajo personal para transformar su comportamiento y patrones de pensamiento, usted espera que su pareja cambie *su* comportamiento. De repente hay una intensa presión sobre el compañero de"muleta" para que arregle todo y si algo sale mal, automáticamente se convierte en su culpa. Evite esta dinámica a toda costa! Esta es una manera segura de hacer que su pareja se resienta con usted y nadie los culpará - forzar a alguien a ser su muleta es cruel!

Cuando nos involucramos en dinámicas como ésta, inmediatamente nos quedamos estancados. Ya que alguien más nos está cuidando, nunca nos desafían, y esto significa que no creceremos. Recuerde que sentirse incómodo no siempre es malo. Siempre debemos examinar nuestras molestias y ver si es algo en lo que podemos trabajar, antes de pedirle a alguien que cambie. No espere que su pareja satisfaga todas sus necesidades (¡y más!) sin satisfacer ninguna de las suyas a cambio. Una historia de malas relaciones no es una buena excusa para aprovecharse de una nueva pareja.

6. Empiece a hacer del autocuidado una parte esencial de su rutina

Una cosa poderosa que podemos hacer por nosotros mismos es participar en prácticas de autocuidado. Olvídese de la idea de que el autocuidado es sólo para ocasiones especiales e

Comunicación En Las Relaciones

incorpórelo a su rutina diaria o semanal. El autocuidado no tiene por qué costar dinero; sólo significa que te estás permitiendo hacer lo que sea que te haga sentir tranquilo y que te cuide. Sabes que es auto-cuidado cuando te reconectas con quien eres y cuando te sientes en paz. Esto puede significar tomar un baño de burbujas caliente y escuchar su música favorita. O esto puede significar ir a un café relajante, escribir un diario y leer un gran libro o darse un gusto con algunos productos horneados. Si tienes un presupuesto mayor, puedes recibir un masaje y darte un capricho con chocolate. Las posibilidades son infinitas!

Cuando empezamos a hacer del autocuidado parte de nuestra rutina, también reconectamos nuestro cerebro para sentir sus efectos con más frecuencia. No es sólo el baño de burbujas o el masaje lo que se convierte en la nueva norma, la paz y la calma también se convierten en una norma. Esto es esencial cuando nos estamos recuperando de un trauma porque tenemos una gran necesidad de recablear las respuestas y los impulsos. Además de esto, sin embargo, es un símbolo poderoso para el nuevo capítulo que comenzarás. Al hacerse tiempo para concentrarse en usted, usted está prometiendo empezar a pensar en sus necesidades con más frecuencia. Usted está reconociendo su importancia y está diciendo no a las relaciones que le causan dolor. Cuidados personales para la victoria.

Capítulo Siete - La bomba de tiempo que hace tictac

Cuando estamos considerando parejas potenciales, tendemos a poner demasiado peso en la emoción y la pasión. Aunque eso es, sin duda, extremadamente importante, descuidamos lo que realmente hace la carne de una relación. Casi cualquier persona puede traer un momento de diversión a la mesa, pero ¿qué harán durante los tiempos difíciles? ¿Las noches oscuras en las que una discusión gira en círculos? Cuando se levantan las voces y se siente como si tu sangre estuviera hirviendo? La manera en que usted y su pareja se comportan y reaccionan en estas situaciones es lo que más influye en su relación. Su vida sexual y el número de intereses que tienen en común: ninguno de estos factores es una verdadera prueba de su fuerza como equipo. El mayor significado de la fuerza de su relación es cómo pelear y cómo encontrar soluciones a los problemas.

Incluso si son almas gemelas y se divierten todos los días, va a haber días y noches en los que no se soportarán. Aunque nadie es perfecto al principio de una relación, es esencial que aprendamos con el tiempo. Llegará un momento en el que tendremos que manejar una bomba de relojería (una situación muy delicada) y, para evitar que explote, se necesitan los conocimientos y las herramientas necesarias. Espere que surjan desafíos y esté preparado para resolverlos.

Cuándo pulsar el botón de pausa o de parada

La comunicación abierta puede resolver muchos problemas, pero hay momentos en los que hay que dar un paso atrás. Hablar no siempre mejora las cosas, a veces puede causar daño y angustia innecesaria. Si es una discusión importante, entonces presione el botón de pausa y reanude la conversación cuando ambas partes estén más sensatas. Si la conversación no es sobre nada importante, oprima "stop" y deje el tema como si fuera una papa caliente. Estas son las señales que necesita para refrescarse y dejarlo reposar:

- **Las emociones están en su apogeo**

Si hay lágrimas, voces levantadas, y tienes la sensación de que alguien (y esto te incluye a ti) puede explotar, presiona el botón de pausa. Cuando las emociones se vuelven demasiado cargadas e intensas, hay una mayor probabilidad de que alguien se desborde y diga algo hiriente. Incluso puedes tomar una decisión que no puedes retractarte. Para presionar pausa con éxito, diga algo como:

"Siento que ambos nos estamos consumiendo demasiado por nuestras emociones. ¿Por qué no nos calmamos y reanudamos esta conversación más tarde? Quiero resolver este problema y en nuestro estado actual, no creo que podamos".

Una vez que ambas partes hayan tenido la oportunidad de refrescarse, usted regresará más racional y sensato. Un desastre potencial habrá sido evitado y usted se sentirá agradecido por tomar ese descanso.

- **Has tenido esta conversación antes y no terminó bien.**

Para muchas parejas, puede haber discusiones recurrentes que nunca parecen resolverse. Algunos de estos pueden sacar lo peor de ambos miembros de la pareja y terminar en comentarios amargos e hirientes que causan mucho daño. Si encuentra que este callejón sin salida está surgiendo de nuevo, córtelo de raíz mientras pueda. Considere la posibilidad de decir:

"La última vez que tuvimos esta charla, ambos dijimos muchas cosas que no queríamos decir. Siento que hizo más daño que bien, y realmente no quiero que se repita esa situación. Realmente quiero arreglar esta situación, así que, ¿qué tal si nos tomamos un tiempo para pensar en soluciones? Cada uno de nosotros puede pensar en maneras de seguir adelante. Y podemos reanudar esta discusión cuando tengamos nuevas ideas que poner sobre la mesa".

Si la discusión no tiene relación con la relación, simplemente señale lo que sucedió la última vez y diga que usted siente que es mejor estar de acuerdo en no estar de acuerdo. Cada pareja tendrá sus propias versiones de temas sin salida, y usted necesita aprender cuando no es importante ganar.

- **Al menos uno de los miembros de la pareja está cansado**

Cuando estamos cansados, a veces podemos perder la energía necesaria para regularnos a nosotros mismos y a nuestras emociones. Eso no quiere decir que las emociones que sentimos cuando estamos cansados no sean reales. De hecho, a menudo esto puede mostrar lo que realmente sentimos - pero nos volvemos menos capaces de lidiar con ellos de manera madura y efectiva. Cuando tenemos energía, nuestro cerebro puede fácilmente pasar por el proceso de organizar nuestras palabras y pensamientos de una manera clara y constructiva. Cuando no tenemos energía, nuestros cerebros pueden fallar en iniciar este proceso o hacerlo apropiadamente.

Comunicación En Las Relaciones

Cuando entramos en un argumento en este estado de cansancio, no estamos usando las mejores herramientas que tenemos. No estamos equipados para estar en la arena y es mejor que salgamos antes de causar daños. En este estado de ánimo, es mucho más probable que reaccionemos de forma exagerada y digamos algo que no queremos decir. No siempre debemos esperar que nuestras parejas entiendan que sólo estamos cansados y que seguimos adelante. Si lo que decimos es genuinamente hiriente, puede causar un profundo dolor. No inicie conversaciones serias con su pareja cuando una de ellas no pueda comunicarse eficazmente en ese momento.

- **Las palabras han empezado a ser hirientes**

Por una u otra razón, una conversación puede empezar a agriarse. Usted sabrá que esto está comenzando a suceder porque su pareja dirá algo que le pica o usted dirá algo que normalmente no diría. Si usted nota que el tono y el lenguaje están comenzando a ser agresivos o mezquinos, entonces necesita alejarse inmediatamente y calmarse. Este es el punto de nuestros argumentos que siempre debemos tratar de evitar. Nuestras acaloradas conversaciones nunca deben doler. Y si lo hace, sepa que ha ido demasiado lejos.

No te vayas sin decir ni una palabra, ya que esto aparecerá como una tormenta, lo que sólo podría enfurecer aún más a tu pareja. En su lugar, señale a su pareja que usted ha comenzado a decir cosas que no quiere decir, y enfatice que no quiere co-crear una situación que cause daño duradero. Sugiérales que se tomen el tiempo para calmarse y piensen en formas más constructivas de comunicar sus puntos.

- **La conversación está dando vueltas en círculos**

Esto sucede a menudo cuando ambos miembros de la pareja están cansados, especialmente cuando se han agotado por tener una discusión tan larga. Notarás que los mismos puntos siguen siendo planteados, las mismas respuestas hechas cada vez, y sin embargo, de alguna manera, sigues volviendo a lo mismo una y otra vez.

Esta es una señal de que su conversación ha dado vueltas en círculos. Si alguien no lo termina pronto, sólo continuará y continuará, y es probable que nunca se encuentre una solución. Trate de señalar que la conversación se ha vuelto tortuosa tan pronto como lo note. Podría terminar con declaraciones hirientes, pero incluso si no lo hace, es una gran pérdida de tiempo y energía para ambas partes.

Si encuentras que un cierto tema te lleva en círculos mucho, considera tener esta conversación por correo electrónico. Cuando se escriben las discusiones, es mucho más fácil ver dónde está la confusión. Al examinar detenidamente las respuestas, queda claro por qué la discusión siempre se vuelve tortuosa.

- **El resultado de la discusión no afectará a la relación**

Si la conversación se está calentando, considere si el tema realmente importa. Digamos que ambos han empezado a discutir sobre un tema en las noticias. Pregúntese qué diferencia hay si ambos están de acuerdo o en desacuerdo. ¿Discutir sobre este tema hace que se diviertan menos juntos? ¿Te duele de alguna manera? ¿Afecta a alguna de sus habilidades el ser buenos compañeros el uno para el otro? Si la respuesta es "no" a todas estas preguntas, entonces este tema no es tan importante. El resultado no afecta su relación de ninguna manera - así que no se irriten por nada.

Cómo plantear sus inquietudes de la manera correcta

Si vas a estar en una relación feliz y saludable, necesitas saber cómo plantear tus preocupaciones de la manera correcta. En otras palabras, sin causar un daño significativo a su pareja y siendo lo suficientemente honesto como para incitar al cambio. Estas son situaciones increíblemente delicadas, así que preste mucha atención a los siguientes consejos:

- **Elegir cuidadosamente el momento**

¿Recuerdas lo que dijimos sobre prestar atención a la sincronización? Eso es aún más importante cuando estamos a punto de tener una gran charla. No saque a relucir conversaciones serias cuando su pareja esté teniendo un mal día o cuando esté exhausta. ¡Esto no conducirá a un resultado favorable! Lo mejor que puedes hacer es acercarte a tu pareja cuando está descansada, tranquila y sin pasar por un momento difícil.

- **Resistirse a decir "pero..." para suavizar el golpe**

Siempre pensamos que le estamos haciendo un favor a alguien comenzando con un positivo antes de llegar a lo negativo - pero en realidad esto no es cierto. Tomemos, por ejemplo, la declaración: "Me encanta lo apasionada que te has vuelto con la decoración del hogar y creo que tienes algunas ideas geniales, pero no estoy segura de que me gusten estos nuevos cambios".

Tan pronto como el "pero" entra en juego, la primera parte de la frase no significa nada. Puede ser aún más perturbador porque usted ha hecho que su pareja se ilusione al comenzar con algo tan positivo, pero estas esperanzas son completamente pisoteadas para cuando usted termina la oración. ¡Su pareja es inteligente! Saben que el verdadero punto es todo lo que viene después del "pero". No intente suavizar el golpe con esta (mala) técnica, y hágalo con un lenguaje cuidadoso. Hablando de eso...

- **Utilice todo lo que ha aprendido sobre el lenguaje amable y constructivo**

Hemos sacado el tema del lenguaje constructivo en un capítulo anterior, y es hora de dar un buen uso a esa lección. Este es el momento perfecto para usar sus afirmaciones de ¡ "Yo" o "Yo siento"! En lugar de expresar tus preocupaciones en términos de lo que tu pareja hizo, redefínelas para que se refieran a lo que tú sientes. Mantente alejado del lenguaje absoluto y de las suposiciones, y asegúrate de que ninguna frase empiece con "tú".

Si te molesta que rara vez te ayuden con los quehaceres, resiste la tentación de decir: "Nunca ayudas con los quehaceres y no te importa cómo me afectan a mí". En vez de eso, trate de decir algo como, "Siento que no estoy recibiendo suficiente ayuda con los quehaceres. Me sentiría mucho mejor si pudiéramos tener una distribución más uniforme de las tareas". Note que no hay ninguna mención de "usted" en absoluto. Esto es ideal porque su pareja no se siente acorralada y no hace ninguna suposición. También estamos reduciendo la posibilidad de una discusión porque es difícil discutir con lo que alguien siente. Esa es su realidad.

- **Prepárese para el retroceso o las preguntas**

Usted siempre debe prepararse para la posibilidad de que su pareja se retrase un poco. Esto no significa necesariamente que será con enojo o frustración, pero si usted piensa que hay una posibilidad de que esto suceda, entonces definitivamente prepárese para ello. Considere todas las formas en que su pareja podría tratar de discutir con ella y piense en una respuesta constructiva y segura. Esto es especialmente importante si usted es la pareja más sumiso y tiene tendencia a ceder. Por ejemplo, en el escenario anterior podría decir: "Pero lavé los platos la semana pasada" o "Pero no soy tan bueno haciendo las tareas como tú". Usted conoce a su pareja lo suficientemente bien como para anticipar con cierta precisión cuáles podrían ser sus protestas. Incluso si sus respuestas son exasperantes, manténgase calmado y constructivo.

- **Concluir con soluciones y positividad**

No se limite a sentarse y guisar en el problema en cuestión, esté listo para encontrar una solución. Su pareja también puede tener algunas ideas, pero para el mejor resultado, traiga sus propias ideas a la mesa. Piensa en el siguiente paso y dale a tu pareja un lugar por donde empezar. Esta es la mejor manera de resolver un problema, porque esencialmente dices: "Este problema es fácil de resolver y aquí, esta es la oportunidad perfecta". Podemos empezar a mejorar las cosas ahora mismo!"

Volviendo a nuestro problema de ejemplo, la persona afectada podría decir: "Creo que una buena manera de resolver esto sería turnarse cada semana para hacer las tareas. ¿Qué tal si hago el resto de esta semana y puedes empezar el lunes?" Note cómo esto hace que la situación parezca instantáneamente más positiva. El problema ya no es el punto, es la solución.

Como mencionamos en un punto anterior, no es una buena idea comenzar la discusión con una declaración de "pero" en la que se pasa de positivo a negativo, pero lo contrario es una idea mucho mejor. Añada la declaración positiva al final de la conversación para que pueda terminar con una buena nota.

5 Declaraciones para Desactivar Instantáneamente una Discusión acalorada

Ocurre en todas las relaciones. A veces te encuentras en una conversación con tu pareja que ha pasado de ser perfectamente fría a ser muy caliente, y no en el buen sentido. Tal vez sea porque acaban de tener un día duro y están de mal humor, o tal vez se despertaron en el lado equivocado de la cama. Sea lo que sea, no puedes domar el fuego en su actitud y todo lo que sabes es que debe detenerse ahora. Mantenga estos estados de cuenta en su bolsillo trasero para calmar inmediatamente una situación calurosa:

1. "Veo tu punto de vista."

Cuando decimos esto, validamos el punto de vista de nuestra pareja. Esto puede calmar a alguien porque todo lo que realmente queremos es que se entienda nuestro punto de vista. Seguimos discutiendo porque queremos hacernos oír. Eliminar la necesidad de seguir discutiendo, diciendo que ya se han hecho oír.

2. "Entiendo."

Esta afirmación es ideal para calmar una situación sin ceder. Al decir que entiendes, no estás admitiendo que estás equivocado; sólo estás diciendo que comprendes su punto de vista. Al igual que en la declaración anterior, usted les está haciendo saber que lo que han dicho ha sido recibido con esmero.

3. "¿Qué puedo hacer para mejorarlo?"

En lugar de alimentar el argumento, trate de cambiar la conversación hacia posibles soluciones. Sin agitar la olla, le estás haciendo saber a tu pareja que estás listo para arreglar la situación. Esto los hará más dispuestos a cooperar. Esta declaración hace maravillas, pero usted debe estar dispuesto a hacer un trabajo extra. Ya que usted le está haciendo saber a su pareja que quiere mejorar las cosas, debe cumplir con esa promesa.

4. "¿Qué necesitas ahora mismo?"

Al igual que la respuesta anterior, te saltas el argumento y vas directamente a la solución. Su pareja se sentirá más conmovida por esta pregunta porque usted les está preguntando directamente qué es lo que necesitan. Esto puede cortar el núcleo de un argumento porque usted está diciendo: "Sé que no se trata realmente de esto. Sé que es sobre ti, y lo que no entiendes. Quiero ocuparme de eso". Adopte una actitud más cariñosa y esté dispuesto a hacer lo que su pareja dice que necesita.

5. "Lo siento."

No subestimes el poder de las disculpas. Puede reducir un fuego ardiente a una sola brasa ardiente. A veces, no vale la pena discutir hasta que nuestras cabezas se ponen azules. Disculparse no siempre se trata de admitir la derrota o dejar que su pareja gane, se trata de elegir la armonía por encima de su ego. No siempre significa "Tienes razón, me equivoco", a veces puede significar "Me duele verte tan molesto y siento que te sientas así".

Qué NO decir durante una discusión

Hemos cubierto lo que deberías decir. Ahora, vayamos a lo que definitivamente no deberías decir. Si se encuentra en una discusión o discusión acalorada, manténgase alejado de las siguientes frases y oraciones si desea evitar una explosión.

1. "Cálmate."

Es una afirmación importante, pero lo diré: nunca en la historia de la humanidad se ha sentido la necesidad de "calmar" a una persona disgustada. Incluso si tienes buenas intenciones, esto es condescendiente y poco comprensivo. La persona que necesita calmarse tiene una profunda necesidad de empatía y comprensión; esta afirmación demuestra lo contrario. Muestra que la persona que no está molesta no entiende nada, ya que piensa que debería ser tan fácil para su pareja dejar de expresar sus emociones en ese momento. Si usted dice esto, no obtendrá una respuesta positiva. Evítelo a toda costa y en su lugar pídales que compartan más con usted.

2. "¡Otra vez esto no!"

Si su pareja está molesta y usted lamenta el hecho de que estén molestos por algo *otra vez,* esto sólo creará más ira. Al decir esto, estamos invalidando a nuestro compañero. Estamos mostrando molestia e impaciencia por sus verdaderos sentimientos. Esencialmente decimos que no nos importa porque ya han estado molestos por eso antes. En lugar de mostrar cuidado, estamos siendo condescendientes e insinuando que su reacción es ridícula.

3. "Si no lo haces, entonces voy a romper contigo."

Esto es un gran no-no en las relaciones. De hecho, muchas personas lo consideran abuso emocional. Si estás amenazando a tu pareja con una ruptura para que haga algo, estás mostrando un comportamiento cruel, especialmente si no eres realmente serio. Sin embargo, incluso si lo está expresando como una amenaza, podría causar mucho daño. Si tu pareja deja de hacer lo que sea que estén haciendo y tú continúas en una relación, este momento los dejará con mucha ansiedad. Comenzarán a sentirse como si estuvieran caminando sobre cáscaras de huevo. Si empiezan a hacer cambios por ti, sólo estarán actuando por miedo, en lugar de amor.

Para transmitir correctamente cómo te sientes sin recurrir a las amenazas, recuerda utilizar las afirmaciones de la "I". En lugar de decir: "Si no dejas de hablar con él, voy a romper contigo", trata de decir: "Me siento muy molesto por lo mucho que le hablas a este otro tipo. Comienza a molestarme a un nivel profundo y me preocupa que afecte mi capacidad de ser una pareja saludable para ti".

9 Problemas de relación que no se pueden arreglar

Por mucho que te esfuerces, hay algunos problemas en una relación que no se pueden evitar nueve de cada diez veces. Usted puede ser un maestro comunicador, y tal vez también su pareja, pero a veces, no hay mucho que usted pueda hacer. Si su relación tiene alguno de los siguientes problemas, puede ser mejor que se vaya antes de que ambos miembros de la pareja comiencen a sufrir.

1. Hacer trampas en serie

Un caso de infidelidad puede hacer trizas una relación, pero aún así, es salvable - si la pareja que hace trampas hace cambios duraderos en su comportamiento. Pero la infidelidad continua es un tema diferente. Esto indica que la pareja infiel tiene un problema real, y que no pueden estar en una relación saludable hasta que lo resuelvan por sí mismos. Deja de hacer concesiones por una pareja que te engaña constantemente. Sólo llevará a más dolor. Ninguna cantidad de buena comunicación arreglará esto. Depende enteramente de la persona que hace trampas hacer el trabajo por su cuenta. Y si no han empezado ahora, ¿por qué esperar y seguir saliendo lastimados?

2. Demasiado desprecio

Es normal estar enojado con su pareja por algo, pero el desprecio es una historia diferente. El desprecio es más profundo y es mucho más persistente. Sucede cuando un compañero no puede dejar pasar algo. Ha comenzado a roerlos, no pueden olvidarlo ni perdonarlo, y ha causado resentimiento. La culpa podría ser de cualquiera. Puede ser culpa de la pareja que no se atiene a las normas por haber herido profundamente a su pareja, o puede ser culpa de la pareja que se niega a curarse y a dejarse llevar. Un poco de desprecio es normal después de un evento perturbador, pero se transforma en desprecio cuando el tiempo ha pasado, y el tiempo no ha sanado ninguna herida en absoluto.

3. Trastorno de personalidad narcisista

Hay una gran diferencia entre ser un narcisista y ser un narcisista clínico, es decir, tener un Trastorno de Personalidad Narcisista. Si su pareja es un poco vanidosa, ocasionalmente hace declaraciones de cabezones, pero aún así puede asumir la responsabilidad por sus errores, entonces es probable que su pareja sea un narcisista común en minúsculas. Pueden ser molestos a veces, pero no tienen un trastorno de personalidad y aún así se puede progresar con ellos. Un narcisista, por otro lado, no puede ser arreglado y es mejor alejarse ahora antes de que usted se lastime más. Los narcisistas clínicos son incapaces de rendir cuentas de nada y no están dispuestos a reconocer las necesidades de otras personas. No es posible para ellos estar en una relación saludable y feliz.

4. Objetivos contradictorios

Usted puede tener todos los mismos intereses comunes, pero al final del día, los objetivos en conflicto pueden ser un asesino. Algunas parejas pueden tener la suerte de llegar a un acuerdo, pero algunos objetivos están en extremos opuestos del espectro. Si usted desea desesperadamente tener hijos y su pareja no los quiere en absoluto, no hay manera de comprometerse en esto. A menos que alguien cambie de opinión, ambos miembros de la pareja no pueden conseguir lo que quieren y esto significa que uno de ellos está condenado a sentirse insatisfecho. Esto puede llevar al resentimiento e incluso puede arruinar una conexión. Al final, puede resultar no sólo en dolor, sino en mucha pérdida de tiempo.

5. Abuso

Si uno de los miembros de la pareja se involucra en un comportamiento abusivo, ya sea físico o emocional, la relación debe terminar tan pronto como sea posible. El comportamiento abusivo es tóxico y sólo arrastrará a ambos miembros de la pareja a un ciclo de dolor que continúa hasta que se sale de los límites. La pareja abusiva siempre tiene la culpa y su comportamiento demuestra que son incapaces de estar en una relación saludable en la etapa actual de su vida. Se aconseja que esta pareja abandone la relación, deje de lastimar a la otra pareja y siga la terapia para que se convierta en una compañera más sana y cariñosa.

Es menos probable que la pareja abusiva admita que lo que está haciendo es un problema, por lo tanto, puede ser decisión de la pareja abusiva encontrar la fuerza para irse. Los amigos y la familia están en la mejor posición para poner fin a una relación tan volátil. Si usted está cerca de alguien que está sufriendo de abuso, vea si puede ayudar a sacarlo de la mala situación.

6. Incapacidad para crecer

El conflicto es una parte natural de cualquier relación, y si ambos miembros de la pareja están sanos, deben encontrar maneras de lograr una mejor armonía. Sin embargo, por una razón u otra, uno o ambos miembros de la pareja pueden encontrar que hay una persistente falta de crecimiento. En otras palabras, hay un patrón de calidad o comportamiento que ha continuado teniendo un efecto negativo sin ninguna mejora, aunque nuestra pareja sabe que queremos ver un cambio. Esto es sólo un gran problema si la conducta de la que hay que salir está afectando la felicidad de la relación.

Por ejemplo, si su pareja ha estado trabajando en sus problemas de ira durante años pero sigue siendo tan turbulento como al principio, reconsidere si puede aguantar esto en el futuro. Si tu pareja continúa coqueteando con otras personas a pesar de que repetidamente le has señalado que te molesta, es probable que esto no cambie nunca. En un momento dado, se hace evidente cuando ciertas cuestiones están aquí para quedarse y es importante que tomemos la decisión correcta con respecto a nuestro futuro. O este comportamiento está demasiado arraigado en sus personalidades o no están motivados para buscar este crecimiento. Elija lo que es correcto para su cordura y deje de esperar por un cambio que probablemente no llegará.

7. Discusiones constantes e inútiles

Es posible que pasemos por períodos de discusiones con nuestras parejas, especialmente si estamos pasando por una mala racha en nuestras vidas, pero si este suceso es persistente y es una pérdida constante de energía, es el momento de detenerse a pensar. Las frecuentes discusiones sin sentido son a menudo una señal de un problema mucho más profundo. A veces ambos miembros de la pareja han dejado de ser compatibles, se han desenamorado o han desarrollado un profundo resentimiento el uno por el otro. Es muy raro que estos problemas se puedan solucionar. Si es más fácil separarse de su pareja que estar con ella, puede ser el momento de ponerle un corcho.

8. Incapacidad para confiar

Es cierto lo que dicen; sin confianza, una relación no es nada. La confianza es la base de toda relación. Y sin una base sólida, no importa lo glamoroso e impresionante que sea el resto, se desmoronará tan pronto como cambie el viento. Una vez que se rompe la confianza, es extremadamente difícil reconstruir. Puede tomar años y mucho trabajo duro si una pareja decide intentarlo y hacerlo funcionar, e incluso entonces, a veces no tiene éxito. En cada relación, debemos tener la seguridad básica de que nuestra pareja no nos hará daño ni nos traicionará. Considera cuán profundamente rota está la confianza y si alguna vez te ves recuperándote completamente.

9. Sentimientos profundos por un tercero

Todos podemos superar la lujuria o un leve enamoramiento, pero si es más que eso, estamos tratando con algo completamente distinto. A veces, los sentimientos que una pareja tiene hacia un tercero son muy profundos, e incluso pueden estar rayando en el amor. Para que los sentimientos lleguen a este punto, la pareja en cuestión tendría que estar expuesta a este tercero durante un largo período de tiempo. Sabemos esto porque toma un tiempo para que los sentimientos profundos se desarrollen.

Hay mucha menos esperanza para la relación si la pareja en cuestión ha estado buscando intencionalmente la compañía de este tercero. Este comportamiento muestra un gran problema con el autocontrol - y esto podría plantear un serio problema para la relación en el futuro. Si se produce este escenario, puede ser beneficioso que la relación termine.

Comunicación En Las Relaciones

Es una historia ligeramente diferente si la pareja con sentimientos los ha desarrollado debido a la exposición involuntaria, por ejemplo, a través del trabajo. En este caso, no se trata de una cuestión de autocontrol y hay esperanza. Sin embargo, la única manera de solucionarlo es alejándose completamente de todas las situaciones que involucren a terceros. Si se trata de un compañero de trabajo, significa tomar una gran decisión, como dejar el trabajo causando exposición. De lo contrario, estos sentimientos sólo crecerán.

La buena noticia es que la mayoría de las parejas pueden, de hecho, resolver sus problemas. Si su problema de relación no estaba en la lista, hay más posibilidades de que usted resuelva sus problemas. Y aunque los problemas enumerados son en su mayoría ineludibles, siempre habrá excepciones. En cualquier caso, siempre se necesita mucho trabajo duro, comunicación amable y una cooperación increíble para ver un cambio positivo.

Capítulo Ocho - Profundización del vínculo

Un mensaje corto del Autor:

¡Hey! Hemos llegado al capítulo final del audiolibro y espero que lo hayan disfrutado hasta ahora.

Si aún no lo has hecho, estaría muy agradecido si pudieras tomarte un minuto para dejar una revisión rápida de Audible, ¡incluso si se trata de una o dos frases!

Muchos lectores y oyentes no saben lo difíciles que son las críticas y lo mucho que ayudan a un autor.

Para ello, sólo tienes que hacer clic en los 3 puntos de la esquina superior derecha de la pantalla dentro de la aplicación Audible y pulsar el botón "Rate and Review".

A continuación, se le llevará a la página de "evaluación y revisión", donde podrá introducir su clasificación por estrellas y luego escribir una o dos frases.

Es así de simple!

Espero con interés leer su reseña, ya que yo personalmente leo cada una de ellas.

Estoy muy agradecido ya que su revisión realmente marca una diferencia para mí.

Ahora volvamos a la programación programada.

Siempre hay algo más que podemos hacer para profundizar el vínculo en nuestra relación. Al final del día, no sólo debemos sentirnos como amantes; también debemos sentirnos como amigos y hasta cierto punto, como familia. Cuando sentimos una fuerte conexión con nuestras parejas, hay una probabilidad mucho mayor de que la comunicación sea amable, útil y transformadora. Además, una buena conexión significa que es mucho más probable que sigamos nuestros compromisos y seamos una mejor pareja. Cuando nos sentimos cerca de alguien, sentimos instantáneamente más compasión y empatía. Estas dos cualidades son necesarias para una conexión amorosa.

Por muy excelentes que sean estas técnicas de unión, requieren el compromiso de ambas partes para ser completamente efectivas. Un resultado positivo requiere esfuerzo y atención; no cae simplemente en su regazo después de un intento. Mantenga estas actividades y ejercicios en mente para el resto de su futuro. Incluso cuando la comunicación en las relaciones es buena, esta no es razón para dejar de buscar oportunidades para crear vínculos.

Ejercicios y actividades que fortalecen las relaciones

- **Comience un diario de amor con su pareja**

Esta práctica hace maravillas para mantener conexiones románticas. Comience comprando un diario (idealmente juntos) que les guste a ambos. Si no viven juntos, intenten turnarse con el diario. Elabore un horario que se adapte a sus necesidades. ¿El diario pasará de manos semanalmente? ¿Quincenal? ¿Cuando te apetezca? Lo que sea que funcione para ti!

Si viven juntos, mantengan el diario en un área privada de la casa, pero por donde pasan con frecuencia. Una vez más, el arreglo de quién y cuándo escribir depende de usted. Aconsejo escribir algo todos los días, aunque sea muy corto, o tomar turnos. Si deciden turnarse, encuentren una manera creativa de indicar quién fue el último escritor, sin abrir el libro. Esto le asegurará que no la esté revisando constantemente para ver si ha sido actualizada.

Lo bueno de esta actividad es que usted puede hacer las reglas. ¿El libro estará lleno de cartas de amor? ¿Todo estará escrito en haikus? Si una pareja está molesta, ¿debe escribir una carta abierta y honesta sobre cómo se siente en el diario? ¿O esto sólo se reservará para el romance? Depende totalmente de ti.

- **Inversión de funciones**

Este ejercicio es ideal para cuando dos personas están tratando de estar de acuerdo con un problema. Para que este ejercicio tenga éxito, usted y su pareja deben estar tranquilos y dispuestos a cooperar plenamente. Si hay un indicio de sarcasmo o sarcasmo, abandone el intento e inténtelo de nuevo durante un mejor estado de ánimo.

Comunicación En Las Relaciones

En este ejercicio de inversión de roles, usted y su pareja tendrán una conversación sobre un problema a mano, pero ambos hablarán desde el punto de vista de la otra persona. Cada uno de ustedes debe pensar realmente en lo que la otra pareja diría y considerar las razones reales que podrían usar. Una de las razones por las que este ejercicio es tan efectivo es porque elimina la necesidad de "ganar" la discusión. Las parejas se ven obligadas a pensar profundamente en la perspectiva de sus seres queridos, y esto ayuda instantáneamente a las parejas a identificarse entre sí.

- **El ejercicio de contacto visual**

Para este ejercicio, usted y su pareja deben sentarse uno frente al otro. Lo ideal es que las luces sean tenues y que estén cerca unas de otras, pero no demasiado cerca. Donde quiera que se siente, asegúrese de que sea cómodo. También es importante que no se hable ni se toque durante este ejercicio.

Ponga un cronómetro durante cinco minutos y trate de mirarse a los ojos el uno al otro durante esos cinco minutos. El contacto con los ojos debe ser suave e ininterrumpido. No mire intensamente a su pareja y recuerde siempre parpadear como lo haría normalmente.

Se sorprenderá de lo rápido que pasan los cinco minutos. Las parejas pueden perderse tanto que pierden la noción del tiempo. Después de este ejercicio, usted sentirá una mayor sensación de conexión y sintonía con su pareja. Si ha aumentado la distancia entre ustedes dos, este ejercicio puede ayudarlos a volver a la misma longitud de onda.

- **Crear un tablero de visión**

Sea creativo con su pareja y trabajen juntos en un tablero de la visión. Un tablero de la visión es un collage motivacional de

Comunicación En Las Relaciones

fotos, notas, y cualquier cosa que atraviesa el futuro que más les gustaría tener juntos. Esto puede incluir lugares a los que le gustaría viajar o fotos de la casa de sus sueños juntos. Lo que sea que los llene a ambos de esperanza, alegría y positividad sobre lo que está por venir. Es importante que ambas parejas contribuyan con algo a esta junta de visión. Recuerde que es su visión *compartida*, no sólo la fantasía de uno. Y sobre todo, diviértete con él. Esta es una manera increíblemente divertida de fortalecer tu conexión con tu pareja. No se necesita una racha artística para disfrutarlo!

- **Repasa las famosas '36 preguntas que conducen al amor'.**

En un famoso experimento realizado por psicólogos, un número significativo de personas sintieron una conexión más fuerte después de pasar por una serie de preguntas juntos. Muchos de ellos incluso afirmaron haberse enamorado. En última instancia, el experimento demuestra que cuando ambos miembros de la pareja se revelan a sí mismos, actúan de manera vulnerable y escuchan activamente a su pareja, se establece una conexión inmediata. Al forzar a dos personas a hacer justamente esto, se fomentaba un sentido de cercanía e intimidad. Aunque este experimento se llevó a cabo en personas que no se conocían entre sí, las parejas existentes todavía se benefician enormemente de este ejercicio de vinculación.

Las 36 preguntas se dividen en tres grupos, cada uno de los cuales se vuelve más personal que el anterior. Tomen turnos para contestar estas preguntas:

Set 1

1. ¿A quién invitarías a ser tu invitado a cenar, si tuvieras la opción de elegir a cualquiera en el mundo?

Comunicación En Las Relaciones

2. ¿Te gustaría ser famoso? En caso afirmativo, ¿de qué manera?

3. Antes de hacer una llamada, ¿ensaya lo que va a decir? Si es así, ¿por qué haces esto?

4. ¿Qué constituye un día perfecto a sus ojos?

5. ¿Cuándo fue la última vez que te cantaste a ti mismo? ¿Y cuándo fue la última vez que cantaste para alguien más?

6. Si vivieras hasta los 90 años y tuvieras la opción de elegir entre el cuerpo o la mente de una persona de 30 años durante los últimos 60 años de tu vida, ¿cuál elegirías?

7. ¿Tienes idea de cómo puedes morir?

8. Haga una lista de tres cosas que usted y su pareja parecen tener en común.

9. ¿Qué es lo que más agradeces de tu vida?

10. Si pudieras cambiar algo en la forma en que te criaste, ¿qué cambiarías?

11. Comparta la historia de su vida con el mayor detalle posible, pero sólo tardará 4 minutos y no más.

12. Si pudieras adquirir cualquier calidad o habilidad de la noche a la mañana, ¿qué elegirías?

Juego 2

13. Si te encontraras con una bola de cristal que pudiera decirte cualquier verdad sobre tu vida, sobre ti mismo, sobre tu futuro o sobre cualquier otra cosa, ¿qué es lo que más te gustaría saber?

Comunicación En Las Relaciones

14. ¿Hay algo que hayas soñado hacer durante mucho tiempo pero que nunca hayas hecho? ¿Por qué no lo has hecho todavía?

15. ¿Cuál diría que es el mayor logro de su vida?

16. ¿Cuáles son las cualidades y comportamientos que más valoras en una amistad?

17. Hablando de tu recuerdo más preciado.

18. Ahora habla de tu peor recuerdo.

19. Si supieras que morirías de repente en un año, ¿habría algo que cambiarías en la forma en que estás viviendo ahora? ¿Qué sería eso y por qué?

20. Describa lo que la amistad significa para usted.

21. ¿Qué tan importante es el amor y el afecto para ti? ¿Qué papeles desempeñan en tu vida?

22. Tomen turnos para compartir una característica positiva sobre el otro. Cada pareja debe compartir cinco cosas para un total de diez.

23. ¿Qué tan cerca está tu familia? ¿Están calientes el uno con el otro? ¿Crees que tu infancia fue más feliz que la infancia promedio?

24. ¿Cómo es tu relación con tu madre? ¿Cómo te sientes al respecto?

Juego 3

25. Tomen turnos para compartir tres declaraciones, cada una comenzando con"nosotros". Por ejemplo, "estamos en esta habitación sintiendo..."

Comunicación En Las Relaciones

26. Termina esta frase: "Ojalá tuviera a alguien con quien compartir..."

27. Si usted y su pareja se convirtieran en amigos íntimos, ¿qué sería importante que supieran?

28. Dígale a su pareja lo que honestamente le gusta. Esta vez, trata de compartir algo que normalmente no le dirías a alguien que acabas de conocer.

29. Hablando de uno de los momentos más embarazosos de tu vida.

30. ¿Cuándo fue la última vez que lloraste delante de otra persona? ¿Cuándo fue la última vez que lloraste sola?

31. Comparta algo que le guste de su pareja.

32. En su opinión, ¿qué es demasiado serio para bromear, si acaso?

33. Si murieras esta noche sin tener la oportunidad de comunicarte con nadie, ¿qué lamentarías más si no se lo hubieras dicho a nadie? ¿Por qué no se lo has dicho todavía?

34. Tu casa, que contiene todo lo que tienes, se incendia. Usted ha salvado a sus seres queridos y mascotas, y ahora sólo tiene tiempo para guardar un artículo más. ¿Qué salvarías tú? Por qué?

35. De todas las personas de su familia, cuya muerte es la que más le molesta? Por qué?

36. Comparta un problema personal con su pareja y pídale consejo sobre cómo podría manejarlo. Después de esto, la pareja que ofreció el consejo debe reflejar cómo parece que se está sintiendo la persona que hace la pregunta sobre el problema elegido.

Comunicación En Las Relaciones

Bond al instante con estas 8 divertidas actividades de pareja

Cuando se trata de eso, el secreto para nutrir su vínculo es salir de su zona de comodidad y darle a su pareja toda su atención. Siéntase libre de buscarlo de la manera que desee, pero le aconsejo encarecidamente que empiece con estos métodos altamente efectivos, bien conocidos por fortalecer los vínculos al instante.

1. Masajearse unos a otros

Este acto altamente sensual hace más que calentar las cosas, también pide a cada uno de los miembros de la pareja que se involucren en unos momentos de total amabilidad hacia su ser querido. Para la duración de cada masaje, una pareja está dando completamente a su pareja sin recibir nada a cambio. Se centran en el placer de su pareja y sólo se preocupan por crear una experiencia agradable para ellos a través del poder del tacto. La gente está tan acostumbrada a la intimidad física y al contacto estrictamente sexual que puede ser muy emocionante tener ambas cosas sin contacto sexual. Esta cercanía a través del contacto no sexual es lo que crea el vínculo. Para obtener el mejor resultado, ambos miembros de la pareja deben turnarse y cada masaje debe durar el mismo tiempo.

2. Salir a bailar

Bailar es lo más cerca que puedes estar de tener relaciones sexuales sin tenerlas! Por esa razón, el baile puede ser un verdadero punto de partida en una relación; no sólo en el departamento de la pasión, sino incluso en términos de nuestra conexión. No importa el idioma que hables o la cultura de la que seas, el baile tiene un don para inducir la alegría y liberar la tensión en el cuerpo. Cuando hacemos esto con nuestra pareja, nos expresamos sin decir una palabra. El acto de moverse en alineación y en ritmo unos con otros es su propio ejercicio de colaboración, y puede ser un símbolo maravilloso para amarse unos a otros en armonía. Si usted y su pareja están del lado de la cajera, ¿por qué no se toman un par de copas para abrirlo?

3. Hagan ejercicio juntos

Lo creas o no, numerosos estudios han demostrado que hacer ejercicio con tu pareja aumenta la felicidad general en tu relación. Los investigadores han encontrado que esto es particularmente cierto para los ejercicios que requieren que ambos miembros de la pareja se levanten y se muevan juntos de alguna manera. La unión ocurre a un nivel subconsciente cuando nos involucramos en el efecto espejo. Este es el proceso neurológico que conduce a la unión y se manifiesta como movimientos reflejados. Al coordinar nuestras acciones o reflejar los movimientos de los demás, estamos disparando neuronas espejo y, posteriormente, profundizando nuestro vínculo.

Y eso no es todo! Los estudios también han encontrado que hacer ejercicio con una pareja lleva a un mejor desempeño en el entrenamiento. Cuando alguien nos observa, es más probable que nos esforcemos más para tratar de evitar parecer débiles. Unirnos más fuerte y calentarnos más: ¿no suena eso como una gran idea?

4. Salir en una cita de lujo

La razón por la que las citas de fantasía tienen un efecto tan positivo es simple: nos saca de nuestra rutina y nos obliga a hacer que nos veamos bien para nuestra pareja. No es ningún secreto que cuando cuidamos de nosotros mismos y de nuestra apariencia, nuestra pareja nos encontrará más atractivos. Si a esto le sumamos un escenario emocionante que normalmente no experimentas y *voilà*, has empezado a reiniciar tu conexión. Si su relación ha comenzado a sentirse demasiado cómoda, entonces considere llevar a su pareja a un buen restaurante. La formalidad de una cita de lujo ofrece un cambio refrescante de estar en pantalones de chándal y puede condimentar instantáneamente una relación aburrida.

5. Visite la ubicación de uno de sus "primeros".

Cada pareja tiene una historia de amor única. Incluso si no fue amor a primera vista o tuvo un comienzo poco convencional, puede ser agradable dar un paseo por el carril de los recuerdos de vez en cuando. ¿Por qué no visitar el lugar donde se conocieron o donde tuvieron su primer beso? Volver sobre nuestros pasos puede recordarnos lo lejos que hemos llegado con nuestra pareja. Si haces esto con tu pareja, revivirás la emoción y las mariposas por un momento; los lugares con fuertes recuerdos inevitablemente nos hacen retroceder en el tiempo. Disfrute de estos recuerdos entre sí y saboree la belleza de su historia única, aunque no fuera perfecta. Recuerden que en un momento dado, donde están ahora estaba donde esperaban estar.

6. Hagan un viaje juntos

Un estudio realizado por la U.S. Travel Association encontró que las parejas que viajan juntas están mucho más satisfechas en sus relaciones que las que no lo hacen. Aún así, muchas parejas dudan en ir de viaje porque están convencidas de que hacer esto agotará su cuenta bancaria. Esto no es cierto en absoluto.

Para experimentar los beneficios de viajar, todas las parejas necesitan salir de su zona de confort (¡no sólo psicológicamente sino también geográficamente!) y ver algo nuevo y emocionante. Si usted tiene el presupuesto para ello, entonces seguro, visite París o Roma, pero también puede divertirse en un viaje por carretera al siguiente estado. Visite un Parque Nacional y alójese en un hotel de 2 o 3 estrellas, o en una humilde posada. Salir a la naturaleza. Haz algo que normalmente no haces. Este cambio de escenario puede proporcionar una ruptura muy necesaria con su rutina rígida y encontrará que su vínculo se profundiza naturalmente a medida que experimentan juntos el mundo más amplio.

7. Visitar un parque de atracciones

Niños o no, seamos realistas, los parques de diversiones son increíblemente divertidos. Si no tienes un miedo paralizante a las alturas, tómate un descanso de tu rutina y pasa un día con tu pareja. Su relación verá una serie de beneficios. Para empezar, los paseos emocionantes te darán un torrente de endorfinas, lo que significa que te sentirás abrumado por los sentimientos de felicidad y un subidón natural. También se le inyectará adrenalina, un neurotransmisor que se sabe que crea recuerdos en la mente. Esto significa que el maravilloso día que has tenido se solidificará en tu mente como un recuerdo feliz. Dado que usted y su pareja se encuentran en situaciones que provocan ansiedad, se vincularán mientras ambos buscan consuelo y calor el uno en el otro.

8. Cocinar juntos

Si usted está en un presupuesto, cocinar juntos es una gran manera de profundizar el vínculo, mientras que al mismo tiempo llenar el vientre. Cocinar requiere que ambas personas cooperen y trabajen hacia un objetivo común - ¡exactamente de lo que se trata estar en una relación exitosa! Esta es una gran práctica para entrar en la mentalidad correcta para la resolución de problemas y el trabajo en equipo. Cada persona está haciendo su propia contribución y el proceso desafía a ambas personas para que se pongan de acuerdo, o la comida entera se resiente.

Comunicación En Las Relaciones

Un proyecto de cocina nos enseña las habilidades que necesitamos aportar al resto de nuestra relación. Y además, nos unimos porque estamos creando algo juntos. Estamos combinando esfuerzos para conseguir un producto final tangible. Si logramos hacer una comida deliciosa, las parejas pueden crear un vínculo por encima del orgullo compartido. Probablemente sientan que pueden hacer cualquier cosa como equipo. Pero aquellos que no tienen éxito, no deben sentirse desanimados. Esto no es una reflexión sobre su relación; ¡puede que sólo necesite un poco más de práctica culinaria!

Desplácese por los sitios web de cocina o los libros de recetas y decida qué comida desea recrear. Esto debería ser algo que os guste a los dos. Si no tiene experiencia como cocinero, elija un plato con instrucciones lo suficientemente sencillas como para que las entienda y asegúrese de que posee todo el equipo necesario.

Incluso las parejas más cercanas necesitan tomarse un tiempo para profundizar su vínculo. No significa que no sea ya profundo, se trata de alcanzar y reconectarse para recordar por qué están allí. El tiempo y la rutina pueden agotarnos; busque momentos de intimidad para fortalecer su vínculo. Cuando actuamos desde un lugar de profunda vinculación, es más probable que la comunicación en las relaciones sea amorosa y efectiva.

Mantengan un corazón abierto y sean lo suficientemente valientes como para salir de su zona de confort para satisfacer las necesidades de aventura y variedad de cada uno. En lugar de sentir pánico sin sentido en un escenario incierto, trate de transformar ese sentimiento en el deseo de resolver problemas con su pareja. Acérquense a la vida con la mentalidad de que pueden hacer cualquier cosa si unen sus cabezas, y pueden resolver cualquier necesidad que tengan, si unen sus corazones.

Conclusión

Felicitaciones por haber llegado al final de *Relationship Communication*! Te des cuenta o no, has dado un gran salto en la dirección correcta. Esto no es sólo fantástico para ti, sino para tu pareja. Usted verá los beneficios que impactan sus hábitos diarios y con la práctica continua de estas técnicas, los días de comunicación tensa se sentirán como si ya hubieran pasado. Al completar este libro, usted ha demostrado su compromiso con una comunicación más efectiva y amorosa - y esta es una de las mejores cosas que podría hacer por la persona que ama. Estás en el camino correcto hacia una relación más fuerte. ¡Deberías estar orgulloso de ti mismo!

Si bien ha dado un gran primer paso, es esencial que no lo deje ahora. La comunicación en las relaciones es un viaje continuo; se te han concedido las herramientas y técnicas, pero ahora es el momento de usarlas en situaciones reales, en el mundo real. No haga de esto un intento efímero, pero incorpore estas prácticas transformadoras en su vida diaria y hágalas duraderas. Reinvente completamente sus normas y cree hábitos ejemplares.

Asegúrese de entender las cinco necesidades vitales que su relación debe cumplir para que ambas partes sean felices. Tal vez trabaje con su pareja para identificar cuáles de sus necesidades han sido completamente satisfechas y cuáles aún no han sido satisfechas. Este es un paso esencial que hay que dar antes de encontrar una solución. Una vez que haya hecho esto, evalúe su situación y vea si puede averiguar en qué etapa se encuentra su relación. Esto le ayudará a entender mejor por

Comunicación En Las Relaciones

lo que está pasando, e igualmente útil, le mostrará qué más está por venir.

Espero que hayas sido honesto contigo mismo en el segundo capítulo. No se avergüence de admitir que su relación tiene un problema. Después de todo, *debemos* hacer esto antes de que podamos empezar a hacer cambios positivos. Esperamos que hayas identificado la razón por la que la comunicación no ha sido tan buena y que finalmente te hayas dado cuenta de cualquier error que estés cometiendo en este momento. Pero, por supuesto, no se limite a insistir en estos problemas. Como mencioné, necesitas empezar a crear mejores hábitos. Has aprendido todo sobre los hábitos que salvan las relaciones. Empieza a usarlos ahora mismo!

Has profundizado en las muchas maneras en que podemos expresar y recibir amor. Una vez que hayas descubierto cuál es el lenguaje amoroso de tu pareja, trata de pensar en maneras creativas de demostrarles cuánto te preocupas. De hecho, te recomiendo encarecidamente que repases la sección con ellos para que tú también puedas dar a conocer tu lenguaje amoroso. Cuando las parejas tienen una buena comprensión de los idiomas del amor del otro, mucho menos se pierde en la traducción. De repente, ambos miembros de la pareja están en la misma página. Sin toda la confusión de tratar de entenderse, pueden concentrarse en el intercambio de amor.

Aunque los hábitos son ciertamente útiles, las dos personas en una relación deben ser mitades sanas del todo para que realmente funcione. Para formar una gran sociedad y ser una buena pareja, es necesario que aprendamos a ser individuos emocionalmente sanos. No nos volvemos perfectos una vez que entramos en una relación; ¡todo el bagaje emocional y el trauma que experimentamos de antemano viene con nosotros! Si no tenemos cuidado, las heridas del pasado pueden filtrarse

Comunicación En Las Relaciones

en nuestros hábitos de comunicación y teñirlos con negatividad. Con las nuevas herramientas que se le han proporcionado, puede concentrar toda su energía en convertirse en una mejor pareja. Por fin puedes empezar a dejar atrás el pasado. Trate de ayudar a su pareja a hacer lo mismo. Al final del día, asegúrese de que están satisfaciendo las necesidades de cada uno - no sólo las cinco necesidades básicas, sino también las necesidades únicas que vienen con sus personalidades.

Trate cada situación delicada con cuidado. Sepa cuándo está tratando con una bomba de tiempo y consulte el capítulo correspondiente para conocer las técnicas que necesita durante las conversaciones difíciles. Si sigue esta guía de cerca, se asegurará de que, incluso durante las duras tormentas, siempre se mantenga a flote. No hay tal cosa como navegar sin problemas en una relación, pero puedes sobrevivir y aprovechar al máximo el viaje con estas importantes herramientas. Cuando manejamos estas situaciones de la manera correcta, se convierten en oportunidades para una intimidad más profunda. Se convierten en puertas abiertas en lugar de muros y callejones sin salida.

La comunicación en las relaciones no es algo natural para nadie; siempre requiere trabajo, compromiso e increíble autodisciplina. Es una elección que las parejas amorosas hacen el uno por el otro todos los días, y aquellos que hacen el esfuerzo, cosechan recompensas que otros apenas pueden imaginar. Manténgase consciente de sí mismo y haga lo que pueda para profundizar su vínculo. Incluso las personas que están excepcionalmente cerca necesitan encontrar tiempo para mantener su conexión. Deja que el amor que fomentas a través de estas lecciones potencie cada interacción de ahora en adelante. Les he mostrado el maravilloso camino que tienen por delante, ahora es su turno de recorrerlo juntos.

www.ingramcontent.com/pod-product-compliance
Lightning Source LLC
Chambersburg PA
CBHW031125080526
44587CB00011B/1114